KB120034

엄마가바람났다

엄마가 바람났다

초 판 1쇄 2022년 09월 29일
초 판 2쇄 2022년 10월 14일

지은이 박정진
펴낸이 류종렬

펴낸곳 미다스북스
총괄실장 명상완
책임편집 이다경
책임진행 김가영, 신은서, 임종익, 박유진

등록 2001년 3월 21일 제2001-000040호
주소 서울시 마포구 양화로 133 서교타워 711호
전화 02) 322-7802~3
팩스 02) 6007-1845
블로그 http://blog.naver.com/midasbooks
전자주소 midasbooks@hanmail.net
페이스북 https://www.facebook.com/midasbooks425
인스타그램 https://www.instagram/midasbooks

ISBN 979-11-6910-081-6 03190

값 15,000원

엄마는 어떻게 삶의 주인이 되는가

엄마가 바람났다

박정진 지음

미다스북스

추천사

심현진(체인지 인문교육 코칭센터 대표,
비전멘토링 코리아 비전멘토)

인생을 살면서 가장 큰 문제가 무엇일까요? 그 무엇보다 현실적이면서 피하기 어려운 문제 중 하나가 바로 가족 문제, 부부 및 육아 문제와 교육 문제가 아닐까 생각합니다. 그런 의미에서 대한민국 모든 가정은 '문제의 시한폭탄'을 품고 매일 두려움 속에서 살아가는 그런 모습일 것입니다. 이 두렵고 혼란스러운 '시한폭탄'의 원인이기도 하고, 제거해줄 수 있는 것이 있는데 그것은 바로 '사랑'입니다.

'내리사랑'이라는 말이 있듯이 부모라면 누구나 자녀를 사랑합니다. 특히나 인큐베이터 안에서 생사의 고비를 넘겼던 자녀에게라면 더욱 그러할 것입니다. 하지만 그 본심과는 상관없이 특별한 사연과 아픔이 있는 가정이 역기능 가정이 되는 경우를 종종 보게 됩니다. 여러 가지 이유가 있겠지만 너무 '사랑'해서 삶의 초점이 자녀에게만 맞춰진 삶을 살아가기 때문입니다. 특별히 '엄마'는 '모성애'라는 대명사로 바꿀 수 있는 그런 존재이기에 더욱 그러합니다.

실제로 이 책의 저자를 처음 만났을 때 자기소개를 일부러 부탁드렸는데, '세 자녀를 키우는 엄마'로 소개했습니다. 특별한 사연이 있어 더욱 자녀에게 초점이 맞춰진 '사랑' 많은 엄마의 모습을 본 것입니다. 그 문제들을 해결하는 솔루션은 초점을 '자녀'가 아닌 '나'에게 맞추는 것에 있다는 것을 알았기에 비전멘토링을 통해 '나를 찾아가고 사랑하는 시간'을 갖도록 안내했습니다.

이 책의 저자가 위대하고 놀라운 점은 멘토링을 삶에서 구체적으로 응용해서 실천했다는 점입니다. 나를 성찰하는 명상과 기도의 시간, 나를 보상하고 사랑하는 나만의 시간, 아이들에게 향하던 시선을 나에게 돌리는 시간, 누구의 엄마가 아닌 '나'의 묻어두었던 소중한 꿈과 비전을 부지런히 찾고 한 걸음 한 걸음 내딛는 시간, 이 모든 것을 글로 기록하는 실천의 시간들을 보내며 짧은 시간 동안 일상의 놀라운 변화를 가져오면서 자녀에게 뿐만 아니라 주변의 많은 사람들에게 선한 영향력을 나누는 '비저너리 제이진'이 된 것입니다. 그리고 이제는 누구나 그런 의지를 실천으로 옮겨 삶의 변화를 가져갈 수 있도록 구체적인 과정을 책에 담아내 주었습니다.

지금 이 책의 저자의 모습은 누구보다 역동적이고 행복해 보입니다. 그런 엄마의 모습을 보며 자라는 세 자녀는 누구보다 자기주도적이며 명품인생을 살게 될 것입니다. 왜냐하면 'Who am I' 내가 누구인지, 나는 어떻게 살고 싶은지, 나는 어떻게 나누고 싶은지를 명확히 하는 엄마의 인생을 뒤에서 바라보며 인생의 가치와 본질을 매일 배우고 있기 때문입니다.

'엄마가 행복해야 자녀도 행복한 삶을 살 수 있습니다.'

자녀를 잘 키우고 싶고 행복한 명품가정을 꿈꾸는 부모, 특히 육아에 지쳐 나를 사랑하지 못하며, 꿈을 잃어버린 어머니들께 이 책을 추천합니다.

김연수(전 동서울대학교 교수, 『미라클 베드타임』 저자)

저자가 미리 보내준 초고를 단숨에 읽었다. 손에서 놓을 수 없었다는 표현이 더 맞을 것이다. 이 책은 어떻게 하면 엄마가 육아를 하면서도 성장할 수 있는지 너무나 잘 보여준다. 마치 〈엄마 성장〉 교과서 같은 책이라고나 할까? 핵심이 담겼고, 육아기 여성이 가지는 고통의 깊이보다 비전의 가치를 생생하게 느끼게 해주었기 때문이다.

책을 덮는 순간, 몽테뉴의 말이 생각났다. "목적지가 없는 사람에게는 어떤 바람도 순풍이 아니다." 저자가 이 책에서 전달하는 메시지에 감히 비유해보고 싶다. "비전이 있는 사람에게는 어떤 바람도 순풍이다"

엄마가 가진 상황은 모두 다르지만, 한 편의 장편소설 같은 이 책을 읽으면 대부분 본인 삶에서 해결의 실마리를 발견하고 '나다운 성장'을 이룰 수 있을 것이다. 비전을 발견하고 자기다운 성장을 원하는 세상의 엄마들에게 일독을 권한다.

김진수(『평범한 일상은 어떻게 글이 되는가』 저자)

부모가 된다는 것은 누구에게나 서툴게 시작합니다. 아이들에게 오롯이 시선이 향하게 됩니다. 엄마로 보낸 13년의 삶을 뒤로 하고 아이들에게 향하던 시선을 자신에게 돌리자 놀라운 일들이 생깁니다. 아이들과 함께 성장하는 자아를 발견하게 됩니다.

'당신만이 가진 잠재력(vision)을 사유하며, 고유한 길을 탐색할 수 있도록 동행하는 존재(mentor & life coach)'가 되길 바라는 마음으로 비저너리라는 닉네임을 사용하는 박정진 작가님의 육아 라이프를 통해 진정한 엄마의 바람을 만나봅니다.

오은경(코치(KSC), 『청소년을 위한 질문수업』 저자)

이 책은 직장을 그만두고 전업주부로 성실히 살았지만 우울과 무기력을 겪은 후, 치열하게 자신을 찾아가는 작가 자신의 이야기이다. 최선을 다했지만 아무것도 아닌 것 같을 때, 가족과 함께지만 홀로 외로울 때, 심지어 이런 내 고민이 배부른 소리 아닌가 고민조차 가치 없다 여겨질 때, 작가가 자신을 찾아가는 과정을 함께 한다면 결코 외롭지 않을 것이다.

박정연(교수, PET 전문강사)

당신은 지금 행복하신가요? 라고 누군가 묻는다면 바로 예라고 대답할 수 있는 사람은 몇이나 될까. 단 한번 상영되는 내 인생이라는 드라마에 주인공으로 살아가는 방법을 아는 작가는 몇 안되는 사람 중에 하나이리라. 자신의 진정한 모습을 찾기 위해 꿈과 비전을 가지고 하루하루 내면의 성장을 위해 노력하는 비저너리 제이진에게 박수를 보낸다.

완벽한 육아를 꿈꾸는 엄마로서, 한편으로는 내 인생의 주인공이 되고픈 삶속에서 끊임없이 갈등하는 우리에게 잔잔한 속삭임으로 다가와서 어느 순간 가슴을 뛰게 하는 매력을 보여주는 책이다. 내 인생의 조연에서 진정한 주인공이 되는 법을 찾기 위해 작가의 소소한 경험을 바탕으로 따라가다 보면 어느 순간 달라져 있는 나를 찾을 수 있으리라 확신한다.

추천사 7

당신의 시선은 어디를 향하나요?

건축설계를 했습니다. 건축사가 되고 싶어서 주말을 반납하고, 밤늦도록 시험공부에 매달렸습니다. 기출문제로 수없이 도면을 그려보고, 아이디어 스케치를 하며 미래에 대한 꿈으로 설렜습니다. 근 3년 만에 건축사를 취득했습니다. 자격을 보유한다고 급여가 오르고, 승진이 빨라지는 것은 아닙니다. 먼 훗날, 원하는 공간을 설계하고 지을 수 있다는 바람이 컸습니다. 그 꿈을 향해 달렸습니다.

그러다 뒤늦게 아이를 낳고 저의 꿈이 사라지는 듯했습니다. 현실은 녹록지 않았습니다. 꿈을 꾸고 성실히 노력하는 것에 견줄 수 없을 만큼, 육아는 변화무쌍하고 두렵기까지 했으며 새로운 도전이었습니다. 어린아이를 돌보는 과정은 서툴렀고 힘에 부쳤습니다. 아이는 아이대로 투정을 부리고, 한시도 가만히 있지 않는 아이들과 씨름하다 보면 저도 모르게 소리를 지르고 '나는 엄마 자질이 없구나…. 내가 그런 엄마구나.'라는 자괴감에 빠지기도 했습니다. 온종일 아이를 돌보며 스스로에 대한 불신과 공허함, 엄마라는 역할만 있을 뿐 '나'라는 존재는 투명망토를 입고 있는 것 같은 헛헛함에 무기력해졌습니다.

저는 이런 무력감 속에서도 오직 책임감으로 엄마의 역할을 꾸역꾸역하고 있었습니다. 아이 셋을 키우며 때때로 지하 100층 어딘가를 헤매는 듯 알 수 없는 우울함과 외로움으로 무력감이 엄습해오곤 했습니다.

그러던 어느 날, 어린 딸아이는 세상에서 엄마가 제일 예쁘다며 엄마를 그려 보여줍니다. 천사가 있다면 이런 모습이 아닐까요. 맑고 환한 미소로 순수한 눈을 반짝입니다. 엄마가 세상의 전부인 딸, 제가 힘들어하면 다정히 꼭 안아주는 딸입니다. 저보다 저를 더 사랑하는 눈빛으로 바라봅니다.

무심코, 꿈이 뭐냐고 물어봤습니다. 단 1초의 망설임도 없이 '엄마'라고 대답합니다. 당시 유치원에 다니던 어린아이였기에 '엄마라는 존재는 동경의 대상이며 꿈일 수도 있겠구나.'라는 생각이 들었습니다. 꿈의 대상이었던 엄마라는 제 모습이 딸아이의 눈엔 어떻게 비쳤을까요.

코로나19로 모든 것이 멈춘 시기, 전염병은 두려움의 대상이었습니다. 마음의 안녕을 위해 시작한 명상과 기도가 저를 성찰하는 시초가 되었습니다. 차분히 앉아 일상을 반추하도록 도와주었습니다.

아이 낳느라 망가진 몸매, 아이 울음에 굴복한 잠, 아이 키우느라 상실된 존재감, 아이 먹이느라 대충 때우던 끼니···. 이 세상 모든 엄마, 특히 육아하는 엄마들의 모습입니다. 거룩하고 위대한 일이지요.

이 위대한 일을 10년 넘게 했습니다. 이젠, 아이들에게 향하던 시선의 초점을 거두기로 했습니다.

고요한 새벽 저를 깨웠습니다.
저를 위해 따스한 차 한잔을 준비했습니다.
저를 위해 예쁜 노트를 선물했습니다.
저를 위해 사랑의 언어를 녹음해서 들려주었습니다.
아이들에 대한 걱정, 연민과 사랑을 덜어내고, 그 자리에 저를 세웠습니다.

그동안 힘들었던 마음, 우울했던 감정, 사랑받고자 했던 욕구를 돌보기 시작했습니다. 진정 돌봄이 필요했던 저를 위로하고 격려하자 서서히 마음의 평화가 찾아왔습니다.

그러던 어느 순간, 육아하느라 잊었던 제 안의 '지니'가 보이기 시작했습니다. 제 안의 '지니'는 제 이름 끝 글자를 소리 나는 대로 쓴 '진'의 '지니'입니다. '지니' 하면 누가 떠오르시나요? 네. 알라딘입니다. 제 안의 '지니'는 알라딘의 '지니'와 닮은 구석이 있었습니다. 〈알라딘〉에서 램프를 얻게 된 알라딘은 램프의 요정 지니를 불러 소원을 이야기하죠. 처음엔 맛있는 요리를 가져달라 하고, 그다음엔 공주와 결혼하기 위해 아름다운 성을 요구합니다.

알라딘의 지니가 눈 앞에 있다면 어떤 소원을 빌고 싶으세요? 알라딘처럼 맛있는 요리와 멋진 집을 요구할까요? 그럴 수도 있겠지요. 그러나 저는 제 안의 지니에게 무엇을 요구해야 할지 몰랐습니다. 알라딘의 지니는 '램프의 요정'이지만 제 안의 지니는 '내면의 잠재력'이라 불립니다. 그래서 제 안의 가능성을 꺼내 쓸 수 있도록 램프 역할을 하는 '나 사용하는 법'을 익혀야 했습니다. 그 시작이 자신을 탐색하는 '혼자만의 시간'이었습니다.

"나는 어떻게 살고 싶은가?"
"나는 어떻게 나누고 싶은가?"
"나는 나만의 고유성을 어떻게 펼칠 수 있을까?"

인생 후반전을 맞이한 지금, 스스로를 채근하는 것에서 벗어나 내면을 돌보며 평온하게 나아가고 싶었습니다. 제 안의 '지니'에게 질문을 던지고, 차분히 생각하고 성찰하는 시간이 필요했습니다. 미래에 대한 걱정과 두려움, 무력감으로 힘들었던 자리에 마음의 평화와 명확한 방향, 열정을 담고 싶었습니다. 삶의 본질을 사색하며 던졌던 물음을 통해 꿈을 구상하는 저를 만나게 되었습니다.

사는 방법에는 두 가지가 있다고 생각합니다. 사는 대로 생각하는 것과 생각한 대로 살아가는 것입니다. 저는 과거, 눈앞에 있는 육아에 치여 사는 대로 생각했습니다. 그러나 이제는 제 하루를 제가 만들어 갑니다. 더 나은 삶을 위해 의지를 실천으로 옮기는 삶입니다. 꾸준한 루틴을 만들어 하루하루 이루며 살겠다는 태도는 자신의 삶과 더불어 주변 사람들의 삶까지 더 나아지게 만드는 시작이라 믿습니다.

우리는 엄마일 뿐 아니라, '나'라는 존재입니다. 자신을 돌보며, 자아를 성찰하고 더 나은 삶을 향해 담담하게 나아가면 좋겠습니다.

이 책은 육아와 삶의 주도권을 되찾은 경험을 담았습니다. 그 과정에서 제가 찾은 소명의 이름 '비저너리(visionary)'는 사람들에게 비전(vision)을 제시하는 사람, '선견지명이 있는'의 뜻입니다. 이 글에서의

'비저너리'는 선견지명 즉, '미리 앞을 내다보고 아는 지혜'라는 의미를 빌어 '지혜로운 삶', '비저너리 라이프(visionary life)'를 담았습니다.

1장은 서투른 엄마의 간절함과 애환을 담았습니다.

2장은 오롯이 '나만의 시간', 삶의 주도권을 잡기 위한 원칙을 소개합니다.

3장은 어떠한 바람에도 흔들리지 않을 나를 찾는 시간, '지니'와 데이트를 즐깁니다.

4장은 내면이 성장하는 시간, 육아에 지친 엄마들에게 권하고 싶은 8가지 방법입니다.

5장은 당당한 나를 위한 '비저너리 라이프'를 소개합니다.

이 글을 쓰는 저는 13년 차 엄마이자 건축설계 프리랜서, 아이들의 주체적인 삶을 돕는 'FHC코칭센터' 대표이며, 부모와 자녀의 라이프 코치이자 비전 멘토입니다. 무엇보다 저를 가장 존중하고 신뢰하며, 두근거리는 소명을 찾았기에 그 꿈을 향해 설레는 삶을 살아가고 있습니다. 저를 탐색하는 시간이 있었기에 가능했습니다. 인생 후반의 비전을 찾은 그 변화의 시작을 '용기' 내어 글로 공유합니다. 제 작은 경험이 영감이 되어 '당신 안의 씨앗을 발견해 꽃 피우는 계기'가 되길 바라봅니다.

이 책을 덮는 순간 "나를 위한 시간을 마련하겠다", "나를 탐색해봐야겠다"라는 마음만 드신다면 제 소임을 다했다고 생각합니다. 나다운 삶의 시작은 내가 선택한 시간을 나를 위해 소중히 쓰는 것입니다. 가정과 아이들에게 주었던 인생의 주도권을 되찾아 '내 삶의 주인공'이 되시길 소망합니다.

저만의 언어로 엄마들을 위로하고 지지하는 글이 되길 두 손 모아봅니다. '당신만이 가진 잠재력(vision)을 사유하며, 고유한 길을 탐색할 수 있도록 동행하는 존재(mentor & life coach)'로 함께 하겠습니다.

"당신이 바로 당신 삶의 주인입니다."

박정진 올림

목차

제2장

오롯이 '나만의 시간'이 필요했다

– 삶의 주도권을 찾기 위한 원칙 세우기 –

제5장

결국 내 삶의 주도권을 찾다
- 당당한 엄마의 비저너리 라이프를 위하여 -

제1장

삶의 무게에 지친 둥이맘

– '나'는 어떻게 살고 싶은가? –

1

둘을 합해서 1.5kg, 엄마가 살아야 할 이유

이른둥이라는 말이 있다. '미숙아'를 부르는 말이다. 한 아기는 782g, 다른 아기는 936g, 자발 호흡이 안되는 신생아들은 급하게 인큐베이터에 실려갔다. 만 하루가 지나니 양수 무게가 빠져 한 아이는 600g이 되었다. 일반적으로 신생아는 엄마 뱃속에서 40주 안팎으로 태어나는데 우리 쌍둥이는 25주 4일에 태어난 초미숙아들이다.

야근과 뒤늦은 공부로 몸이 힘들었을까? 중요한 시험을 앞두고 아이를 미뤘던 것이 화근이었나 보다. 평일에는 야근이 잦았고, 토요일에는 밤 11시 넘도록 시험 공부로 바쁜 날들이었다. 당연히 아이를 미뤘고, 막상 아이를 가지려니 결과가 좋지 않았다. 산부인과 아이 소망 센터를 다니며 검사를 받고 자궁 폴립 제거 수술을 받았으나 인공 수정은 잘 되지 않았다. 시험관 시술을 통해 첫아들 차니를 낳았다. 세 돌이 넘어가자 주변에서 동생을 만들어주라며 다그쳤다. 놀이터에서 혼자 노는 모습도 안타까웠다. 일을 계속하기 위해서는 서로 의지할 형제가 있으면 좋겠다고 판단했다. 더 늦기 전에 다시 병원을 찾았다.

시험관을 주도했던 담당의를 찾았다. 내 나이가 많았다. 검사를 하고, 폴립 제거 시술을 받고 다시 시험관을 했다. 감사하게도 다태아 임신이 되었다. 시술 후 4개월밖에 되지 않았는데, 막달처럼 배가 불러오기 시작했다.

그날도 정기 검진을 위해 홀로 병원에 도착했다. 화장실에 들러 손을 씻으며 올려다 본 얼굴빛이 좋지 않았다. 눈이 붓고 피곤해 보였다. 부른 배를 감싸 안고 대기실에서 기다렸다. 왠지 몸이 더 힘들었다. 한참을 기다린 후에 검사실에 들어갔다. 의사가 초음파 검사를 하다가 바로 수술하지 않으면 태아들이 위험하다고 한다. 시술 중 태아를 잃을 수도 있다고 말이다. 가슴이 덜컹했다. 접수를 위해 진찰실에서 나왔다. 어지러웠다. 벽에 기대어 한참을 서 있었다. 제대로 몸을 관리하지 못한 죄책감에 휩싸였다. 서둘러 접수해야 하는데 눈물이 앞을 가렸다.

당일, 응급 수술을 받았다. 일주일 입원 기간을 마치니 안심이 되었다. 그런데 퇴원하고 2주일이 되지 않아 가진통이 시작되었다. 밤사이 진통이 오락가락하는데 아픔보다는 옆에서 곤히 잠들어 있는 차니가 걱정되었다. 날이 밝기만을 기다리다가 어린이집에 보내고, 급히 병원으로 갔다.

　병원 분만실에 입원했다. 진통제를 투여받으며 며칠을 버텼다. '제발 아이들이 건강하게 잘 버텨주길.' 간절한 마음이 전해졌는지 태아의 심장은 잘 뛰고 움직임도 나쁘지 않았다. 사흘, 나흘 시간이 지날수록 진통 간격은 좁아졌다. 유난히 진통이 계속되던 그날 밤. 태아들의 움직임이 없었다. 25주, 아이들의 생존율이 불투명했다. 미숙한 태아들이 생존하기 위해서는 산소 호흡기를 갖춘 인큐베이터가 필요했다. 산부인과 전문 병원이었으나 인큐베이터 부족으로 타 병원으로 옮겨야 할 상황이었다. 주변 병원을 수소문해야 했다. 의료진이 긴급하게 통화를 마치고 전원 준비를 시켰다. 퉁퉁 부은 몸은 시트 채 들려 간이침대로 옮겨졌다. 간이침대에 실려간다. 누운 채 눈앞에 보이는 건 하얀 천장, 빠르게 지나가는 네모난 형광등뿐이다. 훅! 갑자기 차가운 바람이 들어왔다. 병원문이 열리고 구급차에 실려 서대문 삼성병원으로 이송되었다. "삐오삐오" 치렁치렁 흔들리는 링거병과 함께 밤 10시가 넘어가고 있었다.

주사라면 진저리를 치며 도망 다녔었다. 삼성병원으로 이송되어 다시 검사가 시작되었다. 팔과 다리를 찌르는 주사는 배를 조여오는 진통에 견주면 새 발의 피였다. 점점 격해지는 진통은 말이 필요 없었다. '이렇게 죽을 수도 있겠구나.' 산부인과 응급실에서 고통의 밤을 지새웠다. 차가운 간이침대에 의지한 채 끊어질 듯 아픈 허리는 휘어져갔다. 겨우 진통제를 투여하며 블랙홀처럼 죽음의 나락으로 빠졌다가 다시 치를 떠는 괴로움으로 몸서리를 쳤다. 짧은 간격을 두고 계속되는 진통은 죽음이 임박해오는 것 같았다. 그 찰나 희미하게 떠오르는 사람이 있었다. 아이다. 4살 된 순한 아들이었다. 내가 잘못되면 우리 아들 차니를 누가 돌봐줄까. 더는 나올 눈물이 없을 줄 알았다. 어느새 뜨거운 눈물이 양 귀로 흘러내렸다. 쉼 없이 몰아치는 고통에 난간을 부여잡고 이를 악물었다. 살아야 한다. 살아야 할 이유였다. 살겠다는 강한 의지와는 달리 점점 모든 것이 느려지고 흐려지고 어두워져가고 있었다. 덜컹! 갑자기 침대가 심하게 흔들린다. 다급한 간호사의 목소리가 들렸다.

"비키세요! 모두 비키세요! 비키세요!" 정신이 아득해진다.

"마취과 불러와! 호출했어? 뛰어! 부분 마취 안 되고 전신 마취합니다!"

병원은 오롯이 나를 위해 준비된 듯했다. 일사불란하게 움직이는 간호사들과 달리 힘겹게 숨을 몰아쉬며 몽롱한 의식을 잡으려는데…. 둔

탁한 것이 입속으로 들어왔다.

온몸이 얼음물에 들어간 듯, 강렬한 추위에 바들바들 몸을 떨며 살을 에는 고통을 경험했다. 살아 있음에 감사했고, 밀려오는 고통을 삭였다. 아기들의 생사가 불투명하다. 2시간이 훌쩍 넘어도 신생아를 보러 간 남편은 소식이 없다. 반나절이 지나 눈이 빨갛게 충혈되어 돌아왔다. 조심스레 내미는 출생증명서의 발 도장, 그건 발이 아닌 새끼손톱보다 더 작은 빨간 흔적이었다.

다음날이 되어서야 아기들을 보러 갈 수 있었다. 일반 신생아실을 지나 들어선 소아 중환자실엔 여러 개의 인큐베이터와 기계 소리가 가득했다. 가운데 자리한 두 개의 인큐베이터에 주먹보다 작은 미숙아 둘. 이름도 모를 기계 장치에서 뻗어 나온 선들이 미숙아의 코와 배꼽으로 연결되어 있었다. 피부가 붉다 못해 까매 보이는 미숙아는 미동이 없다. 한 번씩 기계음이 울렸다. 삐! 삐! 응급상황을 알리는 소리가 날 때마다 가슴이 내려앉았다. 무심한 눈빛으로 기계와 차트를 번갈아 보며 무언가를 적고 있는 간호사를 뒤로한 채, 인큐베이터로 손을 뻗어보지만 만질 수 없다. 딱딱하고 차가운 인큐베이터의 느낌을 아직도 지울 수 없다. 엄마는 신을 대신한다는데, 지금 그 신은 아픈 배를 움켜잡고 아기를 바라보고 있을 뿐이다. 아기 배가 미세하게 움직인다.

생이다. 생명이다. 손에 쥐면 으스러질 것 같은 존재가 생명을 지켜보
겠다고 처절하게 사투를 벌이고 있다. 두 손을 모았다. 내가, 엄마가
할 수 있는 일이라고는 두 손을 모으는 것밖에.

　나의 힘으로는 아무것도 할 수 없을 때 두 손 모아 간절히 청하게 된
다. '부디 건강하게 잘 이겨내기를 제발!' 삶의 어려운 순간마다 신을
대신할 엄마의 역할을 그려본다. 건강하고 밝게 자라길 기도하는 마
음. 간절한 마음을 담은 절실함이다. 아이들이 6개월만에 태어난 것은
분명 커다란 시련이었다. 그러나, 이 시련 덕분에 정신은 더욱 굳건해
졌고, 시련의 깊이만큼 나를 단단하게 만들어갈 수 있었다.

2

'NICU'에서 백일을 보내며 '감사합니다'

'NICU'라고 들어보았나? Neonatal Intensive Care Unit.

미숙아, 저체중아 등을 포함한 중증 질환이 있는 신생아를 집중적으로 관리 · 치료하는 집중 치료실이다. 미숙아로 태어난 아기들은 엄마의 온기를 느낄 새도 없이 인큐베이터에 들어간다. 태중의 적정 환경을 유지하기 위함이다. 인큐베이터 안에서 산소를 공급받거나 습도와 체온을 일정하게 유지하여 안전하게 자라도록 집중 관리를 받는다.

산후조리원은 아빠들과 신생아 우는 소리로 시끌시끌했다. 옆방에서 들리는 요란한 TV 소리, 삼삼오오 모여서 떠드는 소리, 산모를 위한 요가 수업으로 조리원은 생기가 넘쳤다. 신생아를 안고 행복해하는 산모들이 모인 곳이다.

유축기를 이용해 모유를 짰다. 조리원 신생아실에 있던 냉동실에 모유를 저장하며, 병원에 있는 아기들을 향한 마음을 대신했다.

하루에 한 번 아기들을 보러 병원에 갔다. 'NICU' 면회 시간을 맞추기 위해 마음이 바쁘다. 점심으로 나온 미역국에 밥 한술 말아먹고 일어섰다. 주섬주섬 옷을 입고 또 껴입었다. 1월의 매서운 바람을 맞으며 택시를 잡기 위해 길에 섰다. 병원으로 가는 길, '오늘은 자가 호흡을 할 수 있을까? 지난밤 별일은 없었겠지. 몸무게가 좀 늘었을까?' 기대와 걱정이 공존했다. 무심히 바라본 차창 밖으로 앙상한 나무가 멀어져갔다.

지금은 코로나로 마스크가 일상화 되었지만, 2014년 소아 집중치료실에 들어가기 위해서는 마스크며 일회용 장갑, 비닐 가운 등을 장착해야 했다. 오늘날 코로나 환우를 돌보는 의료진처럼 중무장을 한 채 기다렸다. 면회 시간은 15분이다.

작은 소형 녹음기를 인큐베이터 안에 넣어놓았다. 〈곰 세 마리〉 노래를 틀어줬다고 했다. 갓 5살 된 형의 쌍둥이 동생들을 위한 사랑의 응원이었다. 형과 엄마, 아빠 그리고 외할머니의 마음을 담아 번갈아 가지고 갔다. 형의 노랫소리를 듣고 동생이 반응했다고 한다. 어린 아기를 향한 가족의 사랑을 아기도 느꼈으리라. 우리의 사랑이 아기들에게 전해져 건강하게 집으로 갈 수 있기만을 기도하고 기도했다.

'치유자이신 주님, 당신의 사랑과 은총으로 아기들을 지켜주십시오. 간호하는 의료진들에게 주님의 마음과 손길을 전해주시어, 여린 아기들이 안전하고 평온하게 지내다가 건강하게 퇴원할 수 있도록 돌보아주십시오. 지금은 나약하나 강건하게 자라 이 세상에 밝은 빛이 되게 해주십시오.'

간절한 마음을 아가들에게 전했다. '소중한 아가야, 많이 힘들지…. 조금만 더 힘을 내자. 평온하고 완전해질 거라 믿어. 주님께서 우리 아가들 곁에서 돌봐주실 거야. 사랑해 많이많이….'

그날도 면회하던 중이었다. 담당 의사가 조심스레 다가와 이야기한다. "태아들은 심장에서 연결된 동맥관이 자연스레 닫히는데, 미숙아들은 열려 있어요. 자연히 닫히기도 하니까 지켜봅시다. 혹시 닫히지 않으면 수술해야 할 수도 있습니다." 가슴이 저몄다. '자가 호흡도 못하는 아기가….'

엄마의 간절함이 전해졌는지 자연스레 닫혔다는 기쁜 소식을 전해들었다. 그러나 며칠 후, 한 아기는 불가피하게 수술해야 했다. 아기 수술을 위해 분당병원에서 소아외과 선생님이 오셨다. 작은 어깨를 여는 개복 수술이다. 의사는 종이컵을 보여주며, 수술 중 출혈이 종이컵의 반이 넘어가면 위험할 수 있다고 마음을 단단히 먹으라고 했다. 엄마가 할 수 있는 일은 뭐가 있을까. 우리 아기가 잘 이겨내도록 간절히 기도 청하는 일. 엄마와 아이는 연결되어 있기에 마냥 울어서도 안 되었다. 의연한 마음을 전했다. '걱정하지 말라고 더 건강해지기 위한 과정이니 잘 이겨내자고.' 아이와 보이지 않은 끈을 부여잡으며 길고 긴 수술 시간을 견뎌냈다.

동맥관 개존증을 시작으로 조산한 아이들에겐 여러 어려움이 산재해 있다. 가장 우려되는 것은 미숙아 망막 병증이다. 실명의 위기에 있다는 설명과 미숙한 폐. 겉으로는 알 수 없는 뇌, 심장…. 내부 장기들을 염려하며 설명해주셨다. 그러나 하나도 들리지 않았다. 우리 아이들은 반드시 건강하게 잘 이겨낼 것이다. 담당 의사는 다음과 같이 이야기했다. "우리가 할 수 있는 것은 별로 없습니다. 아기 스스로 잘 이겨내는 것이지요.", "네. 아기들은 우리가 생각하는 것보다 건강하게 잘 자랄 겁니다."

언니에게 전화가 왔다. "건강하고 맑은 눈을 가진 쌍둥이 사진을 보며 기도하자. 엄마의 에너지가 아이와 통해 있으니, 긍정의 에너지를 전하면 반드시 건강하게 자랄거야!" 짧고 굵직한 언니의 조언을 그대로 받아들였다. 예쁜 쌍둥이 사진을 찾기 위해 인터넷을 뒤졌고, 우리 아기들처럼 남녀 쌍둥이 사진을 찾았다. 눈이 맑고 초롱초롱한 아기

사진을 출력해서 벽에 붙여놓았다.

"우리 아가들은 모든 면에서 점점 좋아지고 있습니다. 맑은 눈이 빛납니다. 건강하고 깨끗한 폐로 호흡이 정상화됩니다. 안정된 혈압, 튼튼한 심장, 조화로운 뇌, 중추신경, 내부 장기들이 완성되었고, 제 기능을 잘하고 있습니다. 주변을 둘러싸고 있는 모든 것이 평화롭고 안전합니다. 감사합니다."

건강한 아이 사진을 보며 최대한 확신에 찬 믿음으로 건강한 모습을 확신하고, 상상하고, 명상하며 감사로 마무리했다. 간절함이 통했다. 수없이 반복했던 마음. 더 큰 이벤트 없이 아이들은 건강하게 잘 자라주었다.

하루도 빠짐없이 면회 가기를 한 달, 두 달, 석 달이 지나고 소아 집중치료실에서 백일을 맞이했다. 기적이었다. 쌍둥이 백일. 어린 아기들을 돌봐주신 의료진들을 위해 떡과 음식을 준비했다. 간호 대기실은 백일 축하 메시지와 풍선 장식으로 꾸며져 있었다. 쌍둥이 사진을 예쁘게 코팅하고 일일이 편지를 쓰셔서 액자를 만드셨다. 쌍둥이들은 아주 작고 예쁜 고깔모자를 쓰고 있었다. 쌍둥이들도 알았을까? 오늘만큼은 산소 호흡기를 뺐다. 자가 호흡으로 의료진들의 축하를 받으며 사진을 찍었다. 집중치료실에서 아기들을 키워주셨던 선생님들은 잊을 수가 없다. 밤잠을 설치며 돌봐주신 덕분에 '백일'을 맞이할 수 있었다. 백일 축하 이후 미숙아 망막 병증으로 여러 번 시술 날짜를 잡기도 했지만, 다행히 레이저 시술만으로 마무리될 수 있었다.

태어난 지 5개월, 둘이 합해서 4.0kg. 드디어 퇴원 절차를 밟을 수 있었다. 우리 아기들이 집으로 온다. 간절함이 이루어지는 날 우리의 감사가 빛을 발했다.

사방이 깜깜한 동굴처럼 모든 것이 절망스러울 때, 감사는 우리에게 마음의 눈을 선사한다. 조금 일찍 세상에 나왔을 뿐이다. 자신의 폐로 자가 호흡을 할 수 있다. 동맥관 개복 수술도, 망막 시술도 잘 이겨냈다. 몇 차례의 에피소드는 있었지만, 건강하게 퇴원했다. 신은 인간이 감당할 만큼의 어려움을 주셨다. 견뎌내야 할 어려움을 통해 참고 기다릴 줄 아는 인내를, 있는 그대로 소중히 여기는 사랑을, 그리고 감사하는 마음을 배웠다. 매 순간 감사를 잊지 말자고 되뇐다. 우리가 감사하기 시작할 때 우리의 눈은 힘든 일이 아니라, 소중함을 볼 '마음의 눈'을 선물로 받게 된다.

3

열다섯 번의 젖몸살도 결국 지나간다

신을 대신하여 보낸 수호천사 '엄마'

수호천사란 모든 사람을 선으로 이끌고 악으로부터 보호하는 천사라는 의미이다. 수호는 지키고 보호한다는 뜻이다.

두 차례의 시험관을 통해 세 아이의 엄마라는 수호천사가 되었다. 어린이집을 졸업하고 갓 유치원에 가게 된 큰아이와 신생아 둘이 더해져 대가족이 되었다. 오매불망 기다렸던 쌍둥이에게 그동안 냉동실에 차곡차곡 쌓아두었던 모유를 마음껏 줄 수 있었다. 그러나 아무도 몰랐던 복병이 있을 줄이야. 바로 젖몸살이다. 유축기를 사용하다 보면 유방에 울혈이나 염증이 생기기도 한다. 이러한 유방 통증을 젖몸살이라고 한다. 정식 명칭은 유선염이다. 사전적 의미로 세균이 모유가 나오는 작은 관을 타고 들어가 영양이 풍부한 유방 안의 조직에 감염을 일으키는 것으로 통증이 심하다. 유축기에만 의지하면 모유를 충분히 모으는 데 한계가 있어 유방 안에서 염증이 자주 발생한다. 미숙아는 직접 수유가 불가능했다. 유축기만으로 모유를 모으는 것 자체가 힘든 과정이었다.

쌍둥이가 퇴원하자, 시댁과 친정 부모님이 번갈아 올라오셔서 아이들을 봐주셨다. 준비가 철저하신 친정 엄마는 음식을 바리바리 싸 오셔서 힘들어하는 막내딸의 손발이 되어주셨다. 온화한 성품에 한결같은 미소를 지니셔서 '호호 아줌마'라는 별명을 가지고 계셨다. 외며느리로 솜씨 좋고 책임감이 강하셔서 제사는 물론, 홀로되신 할아버지를 모시고, 우리 남매를 키우면서 바지런하게 움직이셨다. 내 기억엔 활기차셨고 지금도 건강하시다. 잠시도 쉬지 않고 성실하게 모든 일을 다 해내시는 완벽주의 그 자체다. 대가족 살림에 힘드셨을 텐데 시간을 내어 책을 읽고 붓글씨도 쓰셨다. 제사가 다가오면 으레 제사상은 엄마 혼자서 모든 것을 준비하셨다. 일주일 전부터 메모해서 장을 보고, 전날엔 각종 전이며 불고기 등 제사음식을 마련하셨다. 그러다 보니 멀티태스킹의 원조다. 어릴 적 바쁜 엄마 옆에서 썰어놓은 호박을

엄마가 바람났다

밀가루에 묻혔다. 엄마는 밀가루 묻은 재료에 달걀옷을 입혀 불에 올리셨다. 구경하던 나는 "엄마, 안 뜨거워?", "응, 괜찮아." 엄마는 바삐 움직이면서도 언제나 밝게 웃으며 대답해주셨다. 엄마의 거친 손은 달궈진 프라이팬 위에서 뜨겁게 익어가는 전을 만지셨지만, 데지 않는다고 아프지 않다고 하셨다.

    냉동실은 모유로 꽉 채워져 있었다. 세 시간 간격으로 얼려진 모유 팩을 꺼내 해동했다. 분유를 줄 수도 있었으나, 정성껏 모아놓은 모유를 먹이고 싶었다. 한 팩의 양이 충분치 않아서 분유와 함께 먹이면서도 가능하면 모유를 먹였다.

    그날은 쌍둥이가 퇴원한 지 얼마 되지 않아 산후 도우미가 도와주시던 때였다. 아주머니가 퇴근하신 저녁 6시경부터 서서히 시작된 열, 젖몸살이 오는지 온몸이 두들겨 맞은 것처럼 욱신거리기 시작했다. 회사에 있는 남편에게 연락했으나 아무리 서둘러도 2시간은 족히 걸리는 거리다. 이사 온 지 얼마 되지 않아 주변에 도움을 청할 곳도 없다. 안방 침대에 있던 쌍둥이 아들 유리가 울기 시작하자, 곁에 있던 딸도 울기 시작했다. 마음이 조급해졌다. 유축 할 수도 없었다. 얼굴에 식은땀이 흘러내렸다. 식탁 위에 머리를 묻고 끙끙대고 있었다. 거실에서 레고 놀이를 하던 5살 차니가 다가오며 나를 부른다. 아파하는 나를 도우러 오나 싶었다. 겨우 고개를 들어 아들을 쳐다보는데, 아들이 내민 것은 "엄마 이 레고 좀 **빼주세요**."

엄마는 다 괜찮은 줄 알았다. 엄마는 아프지도 않은 줄 알았다. 근데 그게 아니었다. 아프다. 열감과 통증으로 다시 산통이 재현되는 듯 온몸이 고통스러웠다.

모유를 완전히 유축 하기에는 한계가 있었다. 젖몸살은 일정 시기가 되면 계속 찾아왔다. '모유 수유를 그만할까? 이만하면 되었다.' 하다가도 엄마이기에 해줄 수 있는 것은 다 해주고 싶었다. 죽을 것처럼 아프다가도 나아지면 다시 유축하고, 다시 울고, 다시 유축하고 그렇게 어리석은 엄마의 젖몸살은 열다섯 번을 앓았다. 젖몸살의 고통은 체험해보지 않은 사람은 모른다. 아이를 낳는 것 못지않은 아픔이다. 큰아이는 수유를 잘해서 몰랐으나, 젖병에 길들여진 쌍둥이는 달랐다. 처음에는 어쩔 줄 몰라 하염없이 울었지만, 다음부터는 열을 식혀주는 양배추를 냉장고에 넣어두기도 하고, 수소문한 곳을 통해 마사지를 받기도 하면서 모유 수유를 이어갔다. 모유 덕분이었는지 쌍둥이는 별 탈 없이 잘 자라주었다.

산통에 버금가는 젖몸살도 수유를 끝내니 재발하지 않았다. 친정 엄마는 법정 스님의 말을 종종 들려주셨다. "모든 것은 지나간다. 좋은 일이건 궂은 일이건 영원한 것은 이 세상에 아무것도 없다."

한고비 한고비를 넘기며 좀 더 큰 그릇이 되어간다. 세 아이를 품을 수 있는 넉넉한 그릇이 되기 위한 과정이며, 인생의 고난을 극복할 힘의 근원을 만들기 위한 과정이 아니었을까. 이런 수유의 어려움을 겪고 있거나, 겪어낸 모든 엄마를 응원하고 싶다. 우리는 그 고통의 무게를 당당히 마주하고 이겨낸 위대한 '엄마'다. 내가 나를 격려하자.

"잘했고, 잘하고 있다."

4

우울한 엄마를 치유하는 '소울푸드'

엄마는 왜 우울해지는 걸까? 첫째 때 1년여의 육아 휴직은 달콤했다. 바쁘게 출근 준비를 하지 않으니, 아침마다 시간에 쫓길 이유가 없었다. 아이와 둘이 적적하긴 했지만, 지나고 보니 오붓한 시간이었다. 조산으로 시작된 쌍둥이의 육아는 큰아이 때와 비교할 수 없었다. 쌍둥이였고 키우는 과정도 순탄치 않았다. 영원히 계속될 것 같은 일상이 힘에 부쳤다. 노산이었지만 하루 이틀 정도 날밤을 새울 정도로 건강한 체력이었다. 그러나 아이들을 키우는 일은 기존 체력을 바닥으로 만들었다. 몸이 힘드니, 마음도 지치며 쳇바퀴 돌듯 그저 살아내고 있었다.

비가 오거나 바람이 스산한 날엔 어김없이 울적해졌다. 그날은 유독 더 우울했다. 쌍둥이가 태어난 지 3년이 지나고 꽃샘추위로 차가운 바람이 불던 이른 봄날 주말이었다. 혼자 있고 싶은 마음에 아이들을 남편에게 맡기고 집을 나섰다. 마음이 울적해서 카페에 갈 수도 없었다. 동네 공원을 걷고, 또 걸었다. 걸치고 나온 재킷 주머니에서 벨이 울렸다. 친하게 지내던 직장 후배다. 잘 지내는지 안부를 묻는 목소리에 참고 있던 눈물이 흘러내렸다. 할 말이 없었다. 그저 흐르는 눈물을 손등으로 닦아내기 바빴다.

쌍둥이를 낳고는 직장생활을 할 수 없었다. 아이들을 돌봐야 했다. 엄마의 관심과 사랑이 필요한 아이들이었다. 병원 분만실에서 버텨낸 일주일, 산통으로 고통스러웠던 순간들이 떠올랐다. 쌍둥이를 돌보느라 애가 탔다. 서대문 삼성 병원의 안과, 소아청소년과, 이비인후과로 정기 검사를 받으러 다녔다. 이른둥이였기에, 감각 자극이 필요했다. 1년 넘게 매주 이틀씩 상담 치료센터를 다니며 언어와 신체에 자극을 주었다. 사회 활동이 멈추고, 온전히 아이들을 위해 나의 24시간은 존재했다. 후배와 통화 덕분에 나의 위치를 다시금 확인할 수 있었다. 나는 엄마다. 이른둥이 쌍둥이 맘.

아기들 먹거리에 신경을 썼다. 건강한 이유식을 위해 레시피를 찾아보고, 영양을 고려해서 식단을 짰다. 유기농 매장에서 장을 봐 이유식을 만들었다. 딸아이는 유독 입이 짧았다. 더 먹이기 위해 어르고 달랬다. 이유식 죽을 쑤는데 한 아기가 울면 다른 아기도 따라 울었다. 딸은 노랑 아기 띠로 앞에 메고, 아들 유리는 파랑 아기 띠로 등 뒤에 업었다. 둘을 품고 샌드위치가 되어 이유식을 만들었다. 시판 이유식은 정성이 들어가지 않았다고 생각했다. 엄마가 만드는 것이 최선이라 믿었고, 내가 다 해야 한다고 생각했다. 폐가 약한 쌍둥이를 위해 폐에 좋다는 도라지를 사서, 반나절 도라지 껍질을 다듬고, 일일이 칼로 두드렸다. 내 생애 처음으로 도라지를 다듬었다. 힘들게 이유식을 만들어서 그런지 이후에는 도라지를 구매하는 것이 망설여지곤 했다. 이유식은 종류별로 넉넉하게 만들었다. 소분해서 냉동실에 넣어두고 식사 때가 되면 중탕해서 데웠다. 쌍둥이를 최우선으로 생각했다. 나의 몸과 마음은 챙길 여유가 없었고, 내 먹거리는 중요하지 않았다. 그저 아이들이 먹다 남긴 이유식을 입에 털어 넘기면 그만이었다.

시간이 지나도 끝이 없는 터널처럼 느껴졌다. 산후 도우미가 몇 주, 시어머니가 몇 개월. 그 후 세 아이는 온전히 나의 몫이 되었다. 큰아이 저녁을 차려주고, 쌍둥이도 저녁을 먹이고 나면 따뜻한 물을 받았다. 한 아기를 조심스레 씻기고, 포근한 수건 위에 눕혀 물기를 닦아내고 로션을 발랐다. 엉덩이에 분을 발라주고, 기저귀를 채운 후, 옷을 입혀 따뜻한 바람으로 머리카락을 말렸다. 이 과정을 똑같이 반복하고, 쌍둥이들을 보행기에 태웠다. 마지막으로, 첫째를 씻기고 나면 온몸이 땀으로 흠뻑 젖어 있곤 했다. 세 아이를 가지런히 눕히고 곁에 누워 자장가를 불러줬다. "엄마가 섬 그늘에…, 자장자장." 엄마로 살아내고 있었다.

나에게 육아란 무엇일까? 내가 선택한 시험관이었다. 쌍둥이를 얻었고, 이른둥이지만 건강하게 자라는 축복을 주셨다. 그 축복은 녹록지 않았다. 힘들어하는 나에게 친정 엄마는 늘 안타까운 마음을 전하며 다음과 같이 이야기했다. "모든 것은 다 지나간다. 이 시간이 영원할 것 같지만 그렇지 않아. 지금은 힘들어도 아이들 초등학교 가면 나아질 거야."

당시, 친정 엄마는 양쪽 무릎 수술을 하셨다. 노산에 쌍둥이까지 낳은 막내딸을 가까이서 도와주지 못하는 것이 마음에 걸리셨던 모양이었다. 한 달에 한두 번은 반찬과 국을 넉넉히 보내주셨다. 잘 먹어야 아이들도 잘 돌볼 수 있다며 보내주신 택배 상자에는 시금치나물, 콩나물, 검정콩 조림, 견과류 멸치볶음. 소고기 장조림, 불고기, 큰아이가 좋아하는 잡채, 내가 좋아하는 애호박전과 굴전, 명태전, 돼지고기와 콩나물의 얼큰한 엄마표 김치찌개, 미역국, 한우 달인 곰국과 곰국에 넣을 다듬어진 파까지. 손주들을 생각하며 일일이 껍질을 깐 삶은 밤도 있다. 당신이 읽고 도움이 될까 오려 보내주신 신문 스크랩. 그리고 하얀 편지 봉투에 친정 엄마의 마음이 가득 담겨 있다. '진아. 혼자서 힘들지? 정신 건강 못지않게 육신의 건강도 중요하단다. 몸이 건강해야 마음이 온전해지니까. 어려서 건강이 평생을 좌우한다. 힘들어도 아이들 먹거리 잘 챙겨 먹여야 한다.' 엄마의 편지를 읽다 말고 냉장고에서 매운 고추장을 꺼냈다. 커다란 볼에 보내주신 나물들과 밥을 넣고 쓱쓱 비벼 한 수저 입에 넣었다.

'엄마는 어떻게 우리를 키우셨나요….'

애들 아빠, 사람은 참 좋지만, 말수도 없고 요령도 없다. 남편은 나의 심기를 건드리지 않고 지냈다. 위의 글처럼 우울해하던 며칠 후 나의 생일이 되었다. 푸석한 얼굴로 아침 식사를 준비 하는데 아이들과 주방으로 들어온다. 갓 3살 된 딸아이가 "엄마, 축하해요." 하며 예쁜 꽃이 그려진 카드를 내민다. 뭉툭한 색연필로 그어진 낙서들은 쌍둥이의 작품, '엄마 사랑해요.'라는 첫째의 삐뚤삐뚤한 글씨. 그리고 '아이들이 당신 덕분에 잘 크고 있어서 고맙다. 지금이 가장 행복하다.'라는 남편의 글을 읽다가 고개를 돌렸다. 남편이 다가와 뒤에서 꼭 안아주었다. 그동안의 시름이 다 씻겨 내려갔다면 거짓말일까? 일상의 성실함이 가족을 버텨내고 유지한다. 엄마는 엄마대로, 남편은 남편대로 왜 힘들지 않았을까? 흔히 '쌍둥이를 돌보려면 어른 네 명이 필요하다.'라는 말이 있으니 말이다. 한참 후에 친정 언니에게 전해 들었다. 남편은 퇴근해서 집으로 오는 것이 두 번째 직장을 가는 기분이었단다. 아빠의 역할도 쉽지만은 않았으리라. 저녁에는 한 명씩 안아 재웠다. 자다가도 울며 깨기를 반복했기에, 예민한 나는 늘 잠이 부족했다. 내 맘 같지 않다고, 서툴고 부족하다고 채근했다. 나만 힘들다고 생각했던 시간이 남편도 최선을 다했던 시간이었다. 가족이라는 울타리는 서로를 위해 희생하는 것이 아니라 사랑으로 포용하는 관계다. 나무가 뿌리를 깊게 내리기 위해서 바람이 불어야 하듯이, 힘든 시간을 통해 서로의 존재를 확인하고 단단하게 엮어주는 시간이었다. 한결같이 가족이 곁에 있었음을, 한 걸음 물러서니 보이기 시작했다.

소울푸드는 비빔밥이다. 밥 위에 달큼한 시금치나물, 아삭아삭 콩나물, 맛 좋은 나물들이 그득해도 눈물샘 자극하는 매운 고추장이 들어가야 비로소 맛을 낸다. 인생도 이와 같지 않을까? 가슴 벅찬 기쁨도, 미소 짓던 행복도, 어려운 고비들을 잘 이겨냈기에 비로소 인생의 깊이가 더해진다. 예기치 못한 우울함이 찾아와도 당당히 마주하는 용기를 내어본다. 조금 더 의연한 자세로 일상의 소중함을 흘려보내지 않기를.

긍정의 하루를 만드는 우리집 저녁 루틴

우리 집만의 루틴이 있는가? 습관과 루틴의 차이는 무엇일까. 습관은 특정 신호가 발생하면 의식적인 노력 없이도 자연스럽게 하는 행동이다. 가령 기상 알람 소리를 듣고 침대에서 일어나는 것, 공부하기 전 마시는 커피같이 무의식적으로 하는 행동이다. 그러나, 루틴은 의식적인 노력이 필요하다. 아침에 일어나 잠자리를 정리하는 것, 건강을 위해 산을 오르는 것, 노력이 필요한 것들이다. 『아주 작은 습관의 힘』의 저자 제임스 클리어는 좋은 습관을 만드는 방법으로 분명하게, 매력적으로, 하기 쉽게, 만족스럽게 만들라고 이야기한다. 그의 말처럼 시작은 쉽고 재미있게, 그리고 만족감을 높여주는 보상까지 연계되면 좋은 습관을 루틴으로 이어갈 수 있다.

　나를 포함해서, 초등학생을 둔 엄마들의 고민은 자녀의 학습 습관이다. 학습 습관을 촉진할 수 있는 것은 무엇일까? 바로 정서가 아닐까. 정서적인 안정은 자연히 학습의 동기로 이어진다. 우리가 알다시피 '매슬로 욕구' 표처럼 기본적인 애착과 안정이 선행되었을 때, 자아실현의 욕구가 발현된다. 아이의 정서적 안정을 위해서는 부모와의 유대와 신뢰가 우선되어야 한다. 아동발달 심리학자인 고든 뉴펠드와 의사 가보 마테는 아이에게 또래 친구보다 부모와의 애착이 중요하다고 역설한다. 영유아시기는 물론, 초, 중, 고등학생도 부모와의 신뢰가 바탕이 되었을 때 내재한 기량을 마음껏 펼칠 수 있다. 그렇다면 자녀와 유대감을 형성하기 위해 어떤 루틴이 필요할까?

　대부분 부모가 되면 태교부터 시작된 독서는 잠자리 독서로 이어진다. 직장을 다니며 첫아이 차니를 키우던 시절 잠자리 동화를 이어갔다. 밤이 되면 온종일 떨어져 있던 차니는 졸린 눈을 비벼가며 "또! 또!" 같은 책을 반복해서 읽어 달라고 졸랐다. 늦은 밤까지 우리의 책 읽기는 계속되었다. 그날의 기억이 또렷하다. 차니가 돌이 지난 여름밤이었으니 18개월쯤이다. 마침 금요일 밤, 저녁 늦게까지 서너 권 책을 반복해서 읽어주고 있었다. 쏟아지는 피로를 막지 못하고 남편에게 아이를 부탁하고 누웠다. 새벽녘 어슴푸레 눈이 떠졌는데 덩그러니 혼자 누워 있었다. 시계를 보니 새벽 3시다. 깜짝 놀라 거실로 나가보니, 아이 키만큼 책이 쌓여 있고 두 남자는 잠들어 있었다. 아이의 열정은 어디서 나오는 것일까? 한참 호기심도 많을 때지만, 종일 떨어져 있던 엄마 아빠에게 사랑받고 싶은 욕구가 아니었을까. 그때는 잠들어 있던 아이를 안아서 어린이집에 데려다주고 출근하기 바빴다. 늦은 퇴근으로 정신없이 뛰어갔지만, 매번 혼자 남은 아이를 데리고 오기 바빴다.

쌍둥이가 자라 원복이 있는 유치원에 입학했을 때다. 막내 유리는 원복을 갖춰 입는 시간이 오래 걸렸다. 상의만 해도 셔츠에 조끼, 카디건까지 입어야 했다. 무슨 옷이건 목덜미의 라벨은 반드시 잘라야 했고, 면 종류가 아니면 입기를 거부할 정도로 아이는 민감했다. 이사를 하며 7세부터는 원복을 입지 않는다. 가장 좋아한 사람은 유리였다. 지금도 본인이 좋아하는 옷만 고수하며 입는다. 꼼꼼해서 옷 갈아입는 데 시간이 걸리는 아이를 보면, 분주한 아침에 마음이 다급해졌다. 어느 순간 똑같은 말만 되풀이하고 있었다. "어서 입어라. 늦는다." 그나마 생각한 것이 놀이터다. "빨리 입으면 놀이터에서 놀다 셔틀을 탈 수 있어."라고 어르긴 했지만, 아침마다 신경전을 벌이고 나면 마음이 무거웠다. 그러다가 아이와 함께 다음날 입을 옷을 준비하는 작은 습관을 만들기 시작했다.

"최고의 즐거움은 책 읽는 즐거움이고, 무엇보다 중요한 일은 자식을 가르치는 일이다."『명심보감』10편 '훈자' 4장의 글이다. 자식을 가르치는 일이 제일 중요하다는 말이다. 이처럼 중요한 일인데, 자녀에게 무엇을 가르쳐야 할까. 의식적인 노력 없이도 자연스럽게 할 수 있는 좋은 습관을 기르는 일이 아닐까. 좋은 습관 중 가장 기본은 기상 습관이다. 기상 습관은 아침 일찍, 스스로 일어나는 것이다. 푹 자고 개운하게 일어날 수 있도록 저녁 루틴을 만들면, 자발적인 기상 습관을 기를 수 있다. 어떻게 하면 저녁 루틴을 형성할 수 있을까? 수면 루틴은『미라클 베드타임』의 저자 김연수 멘토의 도움을 받았다. 먼저 아이를 키운 선배 맘으로 '취침 습관'의 중요함을 경험으로 선보인 책이다. 책에 나온 취침 습관을 참고해서 우리 집만의 루틴을 만들어볼 수 있다. 다음은 위 책을 참고한 우리 집만의 저녁 루틴과 유대감을 높이는 방법이다.

첫 번째, 저녁 6시 식사 후 자유시간.

처음부터 저녁 식사 시간이 6시는 아니었다. 아이한테 이벤트가 있었고, 충분히 소화 시키고 잠자리에 들기 위해 마련한 저녁 식사 시간이다. 6시, 빠르면 5시 30분 저녁 식사를 위해 최소 5시에 주방에 들어가서 저녁을 준비한다.

저녁 식사를 마치면 30분 정도 자유롭게 놀다가 일정한 시간이 되면 거실 테이블에 앉았다. 부지런히 설거지를 마친 나도 아이들 곁에 앉아 책을 펼쳤다. 커다란 거실 테이블에서 공부를 하거나, 피아노를 치거나, 책을 읽거나, 그림을 그린다. 각자 본인이 중요하다고 판단한 일을 하는 자유시간이다.

두 번째는 저녁 8시, 5분 청소 후 다음 날 준비.

각자 할 일을 마무리하는 저녁 8시가 되면, 5분 알람을 맞추고 거실을 정리한다. 여기저기 널려 있는 장난감 레고며 책들을 제자리에 꽂는다. 알람이 울리면 거실 정리를 마무리한다. 내일 필요한 준비물과 가방을 챙기고, 입을 옷을 거실에 세팅한다. 아침마다 옷을 찾느라 바쁘게 방으로 건조대로 다니는 시간이 아까워서 제안한 일이었다. 아이들은 마음에 드는 옷을 가져온다. 마치 옷 가게에서 디스플레이를 해놓은 것처럼 거실 바닥에 양말까지 세팅해놓는다. 겨울엔 장갑과 모자도 함께. 마치 사람이 누워 있는 것 같은 착각이 들 정도다.

세 번째는 저녁 8시 10분, 보상과 잠자리 독서.

잠자기 전 저녁 양치는 엄마의 몫이다. 치실과 양치를 마친 후, 잠자리를 정돈하고 아이들은 책을 고른다. 각자 읽고 싶은 책을 가져왔다. 아이들에겐 마치 보상과도 같은 시간이 기다리고 있다. 바로 스킨십과 마사지다. 처음엔 간지럽다며 몸을 비틀더니, 최근엔 먼저 마사지를 청하곤 했다. 하루의 피로를 풀어주고, 엄마의 사랑을 전해주고 싶어서 시작한 일이었다. 마사지해주고 나면 내 다리를 주물러주곤 했다. 아이들을 껴안고 장난을 치다가 골라온 책을 읽었다. 이젠 더 읽어 달라고 떼쓰는 아이는 없다. 아이들은 하루가 다르게 자라고 있었다. 책 읽기를 마치고 조도를 낮춘 후 하루 있었던 이야기를 나누었다. 하루 중 힘들었던 일, 좋았던 일들을 마음으로 듣고 나누며 꼭 안아준다.

루틴의 마무리로 녹음된 나의 '긍정 확언'을 들으며 다 같이 잠이 들었다. 음악을 틀어주는 날도 있고, 어렸을 때 부르던 자장가를 불러주기도 했다. 때때로 이야기꽃이 피어서 잠드는 시간이 오래 걸리기도 했지만, 아이들과 잠드는 시간이 소중했다. '금세 각자의 방으로 돌아가 버리면 어쩌나.' 딸아이의 손을 꼭 잡고 잠이 들곤 했다. 이때는 코로나의 두려움으로 안방에서 아이들을 재웠다. 이 글을 쓰는 지금. 가족 모두 코로나 감염 이후 큰아들 차니는 제 방에서 자고 있다. 쌍둥이만 잠자리 독서를 이어간다. 어제 일이 먼 옛 일이 된 듯 아쉽다.

저녁 루틴, 재미와 보상으로 연결되는 좋은 습관들이 쌓여 삶의 태도를 만들게 된다. 어릴 때부터 작지만 좋은 습관을 줄 수 있는 건 부모의 노력으로 가능하다. 아이들과 함께 책을 읽는 저녁 시간, 하루 있었던 이야기를 듣는 시간, 아이가 좋아하는 아침 메뉴를 이야기하는 것만으로도 기상 시간은 달라졌다. 소소하지만 서로의 마음을 들여다볼 수 있는 귀한 소통으로 부모와 아이의 친밀감은 더 돈독해진다. 안정된 정서는 예측할 수 있는 환경 안에서 아이들을 배려하고 기다려줄 때 자연스레 형성될 수 있다. 그 시작이 저녁 루틴이다. 일상에 쫓기다 보면 어느새 하루가 다 가곤 했다. 저녁 식사가 늦어지는 날에는 우리 집의 루틴도 어그러진다. 그러면 아이들도 덩달아 느슨해진다. 루틴을 이어가는 태도는 가족이 함께 노력할 때 가능해진다. 자녀와 소통으로 작은 습관이 모여 삶의 긍정적 태도를 장착할 수 있다.

저녁 루틴을 통해 시간을 소중히 여기는 아이로 자랐으면 좋겠다. "태도는 사소한 것이지만, 그것이 만드는 차이는 엄청나다." 윈스턴 처칠의 말이다. 어떤 마음가짐을 갖느냐에 따라 삶의 가치가 달라질 수 있다. 작은 습관들이 모여 삶을 대하는 자세가 달라진다. 변수로 가득한 일상을 단순한 루틴으로 만들면 삶의 밀도가 높아진다. 아이들이 좋은 습관을 자양분 삼아 바르게 성장하길 바란다. 더불어 아이들은 긍정의 하루를 시작하고, 덕분에 엄마의 밤 시간도 소중히 활용할 수 있다.

6

일상을 덮친 코로나, 소중함을 찾았다

국내 코로나19 환자는 지난 2020년 1월 20일 처음 발생했다. 전염병이 발병하자 두려웠다. 치명적이기에 조심해야 한다는 생각이 앞섰다. 출퇴근하는 남편을 제외하고 가능한 집에서 생활했다. 쌍둥이는 건강하게 잘 자라고 있었지만, 모세기관지염에 잘 걸렸다. 호흡기가 약해 치료기인 네블라이저를 사용하곤 했다. 감염 경로가 호흡기여서 코로나가 더 위험하게 느껴졌다.

바짝 긴장이 되어서 가족회의를 했다. 남편은 자차를 이용하지만, 회의차 대중교통을 이용하고, 불특정 다수를 만나는 경우가 잦았다.

대안이 필요했다. 현관 출입구에 옷걸이를 두기로 했다. 외출해서 돌아오면 현관에서 소독하고, 욕실에서 씻고, 실내복으로 갈아입는 동선을 계획했다. 남편의 침실도 현관 앞 작은방으로 바꾸었다. 평일 야근으로 늦게 퇴근하는 남편을 위한 배려였고, 아이들을 보호하려는 대안이었다. 현관 존은 남편 구역, 그리고 거실을 기점으로 안방과 안방 화장실, 아이 방을 청결 존으로 설정해 수시로 알코올을 뿌리고 소독했다. 유난스럽지 않냐고 생각할지 모르지만, 이때는 이게 최선이었다. 코로나 바이러스는 미숙아였던 쌍둥이에겐 치명적이라고 판단했다.

코로나가 발병하기 전이다. 집에 있는 주부든, 워킹맘이든 엄마들은 모두가 바쁘다. 아이들을 돌보기 위해 프리랜서로 일을 돌렸으나 더 바빴다. 큰아이 1학년 때 결성한 축구부 모임도 있었고, 쌍둥이 미술학원도 데려다줘야 했고, 개별적인 만남도 중요했고, 틈틈이 자기 계발을 하느라 이것저것 배우러 다녔고, 사이사이 성당 모임도 했고, 매주 커다란 왜건을 끌고 도서관으로 가서 아이들 책을 빌렸고, 제철 먹거리를 위해 농협을 다녀왔다. 하루도 빠지지 않고 매일 외출하는 게 일과였다. 아이들과 복닥거리고 나서 마음 통하는 이웃과 모닝커피를 한 잔하며 담소도 나누어야 했다. 으레 아침마다 일정을 잡아, 바쁘게 살았다. 뭐가 바쁜 건지 모르게 매일 동동거리며 사는 대로 생각하며 생각나는 대로 살고 있었다.

변화가 필요했다. 큰아이가 6세 때 이사한 신도시는 어수선했고, 매일 여기저기 공사 분진으로 거실이 깨끗할 날이 없었다. 하루가 다르게 새로 입점하는 프랜차이즈들도 건조했다. 동네 분위기도 다소 붕떠 있는 것처럼 어색했다. 서울에서 내려온 지 4년 만에 아이들을 위해 다시 이사를 결심하고, 아파트 단지 내에 초등학교와 산이 인접한 공기 좋은 동네로 12월 말에 이사했다. 이듬해 1월 코로나가 발병했다. 모든 것이 멈췄다. 학교도 멈추고, 유치원도 멈추고, 사람들의 모임도 제한되었다. 생활이 불편하진 않았지만, 물리적인 소통이 없는 상태였다. 수업은 비대면으로 이루어졌다. 아이들과 집안에서 24시간 함께 지내며, 매일 방학이었다. '돌밥돌밥'이라는 신조어가 생길 정도로 돌아서면 밥때가 되어 식사 준비를 해야 했다. 번거로웠지만 건강하게 곁에 있는 것만으로도 감사했다. 가장 중요한 건 진정한 자유가 주어졌다는 것이었다. 좋은 사람들을 만나는 것도 좋았지만, 혼자만의 시간도 좋았다. 물리적인 거리로 인해 자연스레 인간관계가 정리되었다. 정말 유지하고 싶은 관계는 거리가 문제 되지 않았다. 아쉬운 마음도 있었지만, 아이들에게 집중하고, '나'에게 집중하기 시작했다. 코로나 팬데믹으로 나의 시선이 '가족'으로 향했고, 흩어졌던 에너지가 '나'에게 연결되었다.

코로나로 모든 것이 멈추었던 이 시기는 큰아이가 4학년, 쌍둥이가 유치원에 다니고 있었다. 학교에 가지 않아 규칙적인 생활이 무너지기 쉬운 시기였다. 이를 역으로 생각해보면 가정 보육으로 아이들에게 좋은 습관과 규칙을 마련해주기 적절한 때였다. 가장 기본이 되는 것이지만 잘 지켜지지 않았던 생활 습관을 필두로, 중요하게 생각했던 학습과 독서 습관을 소개한다.

첫 번째, 생활 습관이다. 생활 습관으로 기상과 취침 시간을 중시했다. 이에 못지않게 중요한 것이 식사 시간이다. 아이들 계획의 기준은 식사 시간이었기에 최대한 규칙적으로 주려고 노력했다. 새벽 기상하는 나를 보며, 큰아이도 제법 일찍 일어나 식전에 신문을 보거나 자유로운 활동을 했다. 아이들이 학교에 가지 않아도 아침 식사는 가볍게 8시, 점심은 아이들이 좋아하는 성찬으로 12시 30분에서 1시, 저녁은 한식으로 6시에 맞추도록 노력했다. 저녁 루틴을 유지하기 위해서는 규칙적인 식사 시간이 중요했다. 코로나 전에는 늦게 퇴근하는 아빠에게 맞추느라 저녁 식사가 늦어질 때가 더 많았다. 식사가 늦어지면 자연히 잠자리도 늦어져 다음 날까지 영향을 받기 일쑤였다.

두 번째는 학습 습관이다. 일주일 단위 일정표를 벽에 붙여놓고, 할 일을 마치면 동그라미를 그리며 작은 성취를 경험하게 했다. 매주 토요일 저녁에 가족회의를 하며 한 주를 어떻게 보냈는지 돌아보는 시간을 가졌다. 일정 기준 이상이 되면 보상으로 주말에 가족이 함께하는 시간을 가졌다. 가족 영화를 보거나, 원하는 보드게임을 다함께 했다. 스스로 할 일을 점검하며 자유시간이 되면 마음껏 놀게 했다. 아이들과 종일 함께 있다 보니 아이를 관찰할 시간도 생겼다. 한배에서 나왔지만, 어느 것 하나 같은 것이 없었다. 공부 습관도 달랐다. 할 일을 마치고 노는 아이, 놀 거 다 놀고 저녁에 몰아서 하는 아이, 사이사이 책을 읽으며 규모 있게 쓰는 아이가 있었다. 주간 일정표를 활용해서 일정을 점검하도록 했다.

세 번째 습관은 독서다. 수시로 도서관에서 책을 빌려와 독서 환경을 만들었다. 크라센 박사는 『크라센의 읽기 혁명』에서 공부하지 않아도 언어 실력이 저절로 느는 자발적 읽기의 효과에 관해 이야기한다. 좋아하는 책을 골라 마음대로 읽는 독서다. 재미있으면 읽고, 재미없으면 다른 책을 읽는 것이다. 일정 시간 자율 독서를 한 학생들이 지도받은 학생들보다 문법이나 어휘에서, 나아가 토플에서도 더 높은 성적을 낸 증거를 무수히 보여주고 있었다. 아이가 고른 책으로 재미있게 읽으면 되는 것이다. 마치 스펀지에 물이 스며들 듯 독서 환경만 조성해주면 되는 것이다. 주체적으로 책 읽기의 즐거움을 가져가길 기다리는 것. 이것이 지혜로운 부모의 시작이 아닐까.

아이들 스스로 생활 계획표를 짜는 것은 물론 계획한 것을 실천하는 것은 쉽지 않다. 그러나 계획에 앞서서, 가정생활 패턴이 일정하게 돌아갈 때, 아이들도 예측하고, 계획하고, 주체적으로 움직일 수 있다. 아이들과 생활계획을 세우고 꾸준히 유지할 수 있었던 것은 모든 것이 멈추었던 코로나 때문이 아닌, 덕분이라고 단언한다. 바쁘게 사는 것이 최선인 양 하루하루 살아내기 급급했던 시절이 있었다. 아이들도 어느 정도 크고, 급하다고 생각했던 것들을 거두게 되자, 무엇을 위해 달리고 있었던 것인지 성찰하게 되었다. 급하지는 않지만 중요한 것들을 마주하며, 일상의 소중함을 알게 된 계기다.

"그때는 알지 못했죠. 우리가 무얼 누리는지, 거릴 걷고 친굴 만나고, 손을 잡고 껴안아주던 것, 우리에게 너무 당연한 것들" 이적의 〈당연한 것들〉이라는 가사다. 당연한 것들이 감사로 다가왔다. 신은 우리에게 곤궁에 빠지게 하시어 깨닫게 하셨다. 당연함을 당연함으로 받아들이지 말라고 말이다. 코로나로 인해 평범했던 일상이 소중하게 다가왔다. 사랑하는 이들과 함께하는 '일상을 보는 눈'과 소중한 '나의 시간'을 찾기 시작했다. 내가 '엄마'이며 더 존엄한 '나'로 살고 싶어서 말이다.

7

아이가 엄마를 키우고 있다

육아는 아이만을 키우는 일일까. 우리 앞에 일어나는 모든 것은 이유가 있다. 그 연유를 찾아 대안을 탐색할 때 비로소 조금씩 나아질 수 있다. 삶이 우리에게 던지는 질문을 흘려보내지 말고, 성찰하는 과정을 통해 조금씩 나아질 수 있다.

쌍둥이, 둘이라 고르게 챙기지 못했다. 상대적으로 더 작았던 딸을 돌보다 보니 막내 아들 유리는 여러 사람의 손을 거쳤다. 유리는 작은 소리에 민감하고 잘 놀랐다. 그러나 호기심이 많았으며, 그림 그리기를 좋아했다. 네다섯 살에도 한두 시간은 거뜬히 몰입하며 그림을 그렸다. 활발하게 움직이기보다 정적인 활동을 즐겨했다. 운동신경이 더디긴 했지만, 그 외에는 무탈하게 잘 자라는 것으로 생각했다.

코로나가 발병했던 겨울이었다. 새벽녘 이상한 소리가 들렸다. 벌떡 일어나 침대를 살펴보니, 베개 옆이 흥건하게 젖어 있고 유리는 엎드려서 끙끙대고 있었다. 돌려 안아보니 이마는 뜨거웠고 눈은 한쪽으로 돌아가 마치 나무토막처럼 굳어 있었다. 유리를 끌어안고 거실로 나왔다. 나도 모르게 발을 구르며 울부짖었다. 119 구급차에 실려 응급실에 도착하는 내내 유리의 손을 꼭 잡았다. 응급실 침대에서도 몇 차례 눈이 좌측으로 돌아가고 팔과 다리에 경련이 있었다. 산소 호흡기를 얼굴에 대주고, 뇌파검사며 MRI, 뇌척수액 검사를 했다. 입원 결정이 났다. 항생제가 들어 있는 링거병 세 개를 달고 입원실로 옮겨졌다. 입원 3일 만에 나온 병명은 '뇌염'이라고 했다. 지체했으면 치명적이었단다. 원인이 무엇 때문이었을까? 돌아보아도 도통 알 수가 없었다. 그저 내 잘못 같았다.

그해 여름, 아이들을 깨우려고 방에 들어갔다가 경련하는 유리를 발견했다. 응급실에 도착하니 다행히 유리의 상태는 나아졌다. 코로나로 병원 의사가 부족했고, 집에 있는 아이들이 걱정되어 외래 예약을 하고 퇴원했다. 유리는 한숨 푹 자고 일어나더니 좋아진 듯했고, 다음날 다시 병원 진료를 받았다. 의사는 유리의 상태를 '뇌전증'이라고 했다. "네?" 놀라서 되묻는 나에게, 말이 없다. "왜요? 원인이 뭔가요?" 재차 묻는 나에게 굳이 원인을 찾는다면 일찍 태어나서 그런지 뇌파검사에서 좌측 뇌에 '느린 파장'이 있다고 한다. 진료실에서 나와 검색했다. '간질이라 불리는 뇌전증은 전 세계적으로 인구 1,000명당 5~15명에서 나타나는 흔한 신경계 질환'이라고 한다. 신경계 질환이라니. 하늘이 무너지는 것 같았다.

병원에서 지어온 약은 부작용이 많았다. 유리는 누워만 있으려하고 짜증이 많아졌다. 병원 대기실에 있던 아이들 모습이 떠올랐다. 하나같이 아이다운 명랑함은 없고, 축 처져서 걷는 것도, 말하는 것도 어눌했다. 약을 먹이는 자체가 마음이 편칠 않았다. 빈대를 잡으려다 초가삼간 태우는 우를 범하는 것 같았다. 애는 타는데 어떻게 해야 할지 막막했다. 때마침 걸려온 친정 엄마의 목소리만으로도 지원군을 만난 듯했다. "너무 염려하지 마라. 어려서 그렇지 자라면서 좋아지는 사례가 많다."라며 위로해주셨다. 약을 먹인지 일주일쯤 되었을까. 친정 엄마가 책을 보내셨다. '뇌전증' 관련 책이었다. 단숨에 책을 읽고, 한의원으로 달려갔다. 한의사는 유리가 빈혈이 심하고, 소화기관이 약해 소화가 되지 않아 경련이 났다고 판단했다. 가능하면 한식에 자연식을 먹이라는 말을 덧붙였다. 한약은 부작용이 없었다. 아이 입술이 붉은 빛을 띠기 시작했으며 혈색도 좋아졌고, 명랑하게 잘 놀았다. 그거면 되었다. 정기적으로 한의원을 다니며 가벼운 침을 맞고, 한약을 지어 왔다. 함께 잠을 자며 수시로 깨서 아이를 살폈다. 새벽녘 작은 소리만 나도 눈이 떠졌다. 다행히 곤하게 잠든 아들을 보는 것만으로도 안도 했다. 이른둥이라 고생이 많았지만, 이겨냈고 잘 크고 있다고 생각했 다. 경련이 왔던 이유가 무엇일까? 소화기관이 약하다는데, 소화를 방 해한 요인들이 무엇이었을까.

유아기 때는 유기농 찬거리로 먹거리에 온 정성을 쏟았다. 어느 순 간 잘 크고 있다며 방심하고 있었다. 공교롭게 '경련'을 일으킨 전날 저 녁 메뉴는 늦은 시간 구워 먹인 고기였고, 또 다른 날은 기름에 튀겨진 치킨이었다. 미처 소화도 안 된 상태에서 잠을 재웠던 것도 일조했으 리라. 모든 것이 나의 부주의로 일어났다. 이른둥이로 그 고생을 한 아 이들을 세심하게 돌봐야 했는데 그러질 못했다. 한의사의 조언대로 소 화기관이 약하다면 대안을 모색해야 했다. 저녁 식사 시간을 앞당겨 충분히 소화 시키고 잠들 수 있게 하는 것과 소화가 잘되는 메뉴를 고 려하면 되는 것이었다. 들쑥날쑥했던 저녁 식사시간은 아이들을 위해 일정하게 재배치했다. 저녁 식사가 당겨지니 식후에 여유로운 시간이 생겼다. 잠들기 전까지 민감하고 예민한 막내의 마음을 보듬어줄 시간 이 생긴 것이다.

유리는 이제 건강해졌다. 어렸을 때 약했던 아이들이 더 건강하게 자라는 사례가 많다. 100세가 넘으신 김형석 교수도 어렸을 때 몸이 약했다고 한다. 그만큼 몸을 더 관리하며 살아가면 되는 것이다. 식사 중에 잠시 딴 세상에 간 듯 아이가 먼 곳을 응시할 때가 있다.

"아들, 식사하다가 무슨 생각 하는 거야?"

"네? 좋은 생각이요."

"좋은 생각! 그렇구나. 엄마는 유리가 맛있게 먹으면 좋겠는데."

"네~." 하며 씽긋 웃는다.

아이 덕분에 내가 성장하고 있다. 육아를 통해 나의 부족했던 모습을 다듬어가고 있다. 자신을 다듬어 빛내는 것이야말로 진정한 인생의 의미가 아닐까. 아이를 돌보며 애태우기도, 마음 졸이기도 한다. 순간순간 아프고 힘들지라도 나의 모난 부분을 깎아 빛을 내고 있다. 내가 세상을 대하는 시선과 마음속 생각이 어떠한지, 아이를 대하는 마음가짐과 시선이 어떠한지. 이 시간을 통해 내 안의 '지혜의 원석'을 찾아, 한발 물러설 수 있는 인내를 청해본다.

제2장

_____

오롯이 '나만의 시간'이 필요했다

- 삶의 주도권을 찾기 위한 원칙 세우기 -

1

새벽 5시, 진짜 나와 직면하는 시간

　내가 찾은 새벽 시간, 왜 새벽인가? 코로나19로 아이들과 함께 하는 하루는 금세 흘러갔다. 오전에 각자 줌 수업이나 공부를 하고 점심을 먹고 나면, 오후엔 잠시라도 무조건 데리고 나갔다. 햇볕을 쬐게 하고 킥보드나, 자전거를 타게 했다. 오후 4시에 책을 읽어주고 나면 금세 저녁 시간이 되었다. 저녁을 먹고 아이들과 저녁 루틴을 하다 보면 어느새 하루가 지나갔다. 아이들과 함께 하는 시간도 소중했지만, 나를 찾고 싶었다. 나를 성장시켜줄 일이 필요했다. 그렇다고 바로 복직할 수도 없는 상황이다. 아이들이 자라면서 보육에서 멘토로 전환할 시점이 되었다. 정신적인 멘토로 당당하게 성장하는 엄마가 되기 위해, 생각의 전환이 필요했고, 변화가 필요했다. 조용히 나를 위한 시간을 내고, 내 인생의 '과업'을 찾아보고 싶었다. 말은 거창했지만, 정보의 소용돌이에 휩쓸리지 않고 나만의 가치를 지킬 내면의 힘이 간절했다.

자유를 찾았다. 다들 잠들어 있는 고즈넉한 새벽 시간, 홀로 일어나 본 사람은 알 것이다. 누구의 방해도 받지 않는 소중한 시간. 엄마를 부르는 목소리도, 나를 찾는 전화벨도, 그 어떤 메시지나, 알람이 없는 모두가 잠든 고요한 시간이다.

아이들을 재우고 찾은 저녁 시간은 효율이 떨어졌다. 하루의 피로가 쌓여 책도 잘 읽히지 않았고 생산적이지 못했다. 잠시 스마트폰을 본다는 게 12시를 훌쩍 넘기곤 했다. 그래서 선택한 것이 새벽 시간이었다.

20대, 종종 스터디 모형을 만드느라 밤을 지새우던 학창시절이 있었다. 노곤함에 지쳐 있을 무렵 어느새 동이 트곤 했다. 여명이 밝아오는 찬란함은 하루도 같은 빛이 아니었다. 지난밤 적막 속에서 홀로 깨어 있다가 맞이하는 새벽은 나를 위한 신의 귀한 선물 같았다. 나만 살아서 숨 쉬고 있는 듯 착각이 들기도 했고, 오묘한 매력 속에서 피곤이 몰려오는 나른함을 즐기던 때가 있었다. 어느 정도의 긴장과 기분 좋은 피로가 나를 움직이게 했다.

20년이 지난 새벽, 그때의 감흥을 되살려 여명을 온몸으로 느껴보았다. 여유롭게 하루를 시작하는 것이 좋았다. 현실은 코로나로 전 세계가 어수선했고, 매일 아침 확진자를 검색하는 것으로 하루를 시작했다. 지역별 감염 환자는 늘어갔다. 그러나 가족이 함께 있다는 것, 건강하게 아침을 맞이하는 것이 감사했다. 지금, 이 순간에 집중하며 감사의 마음을 기록하기 시작했다.

『칼 비테 교육법』에서 여운이 많이 남았던 이야기를 소개한다.

이 책에서 스프링벅이라는 동물 이야기가 나온다. 스프링벅의 무리가 질주하다가 벼랑 끝으로 떨어져 죽는다는 것이다. 수백, 수천 마리가 무리 지어 살면서 앞으로 나아가며 풀을 뜯다 보니 뒤쪽의 스프링벅들은 늘 먹을 것이 부족해진다. 그래서 어떻게든 앞으로 달려나가기 위해 경쟁을 하고, 뒤쪽에서 달려오면 앞에 있는 스프링벅들이 조급해진다. 뒤에 있는 무리가 달리기 시작하면 앞에 있는 무리도 불안함에 풀 뜯는 것도 잊은 채 덩달아 달리기 시작한다. 그렇게 이유도 모른 채 달리다가 벼랑 끝에 다다르지만 멈추지 못하고, 떨어져 죽는다고 한다.

단지 스프링벅의 습성일까. 잠시 멈추고 주변을 돌아봤으면 어땠을까. 목적을 잊은 채, 쉼 없이 달렸을 스프링벅의 모습에서 지난날의 내가 연상되었다. 어디로 뛰는지도 모르게 열심히 뛰었다. 잠시 멈추고 왜 뛰는지, 나에게 물음을 던지는 시간, 새로운 풀을 모색할 시간이다.

쌍둥이를 키우며 부모 교육과 육아서 외에 읽고 싶은 책을 읽은 기억이 가물가물했다. 책은 좋아했으나 여유가 없었다. 그나마 읽던 책들은 앞부분을 읽다가 멈춘 책들이 대부분이었다. 사놓은 책들이 먼지가 뿌옇게 쌓여가고 있었다. 한 손에 커피를 들고, 책장 앞을 서성이다가 책 한 권을 꺼내 들었다. 언제 접었는지 기억에도 없던 페이지가 접힌 채 펼쳐졌다. "가치 있는 삶이란 아주 사소한 일이라도 그것이 나만을 위한 것이 아닌, 앞으로 나와 같은 이상을 추구해가는 누군가에게 도움이 되는 삶이다." 내가 존경하는 전혜성 선생님의 글이다.

가끔 조언이 필요할 때 이 분의 책들을 들춰보곤 했다. 이날도 어김없이 귀한 가르침을 주셨다. 나만을 위한 것이 아니라, 나와 같은 이상을 추구하는 이들에게 도움이 되는 삶. 이런 삶을 좇고 싶다. 가슴이 두근거렸다.

먼저 내가 추구하는 '삶의 가치는 무엇인가.' 내 가슴이 '원하는 삶을 살고 있는가.' 나를 직면하는 시간이 절실했다. 내 마음의 파동을 관찰하며 나의 목소리에 귀를 기울이는 시간이다. 먼저, 나를 세워야 도움이 되는 삶을 꿈꿀 수 있다. 나를 돌보는 이 작은 시작이 나와 주변에 작은 씨앗이 되길 바랐다. 가치 있는 삶을 향해, 내가 할 수 있는 아주 사소한 것이라도 말이다.

"우리는 모두 아티스트이자 창조자이며, 감각을 높여가는 존재이다.

다만, 스스로 그 사실을 모를 뿐이다."라고 화가 이브 클랭이 말했다. 내 안에 잠들어 있는 가능성을 깨우는 시간. 이브 클랭의 말처럼 이 시간 동안은 내가 창조자다.

엄마 역할뿐만 아니라, '나로 사는 삶'에 대해 숙고해본다. '지금까지 산 것처럼 앞으로도 살 것인가?', '어떻게 살 것인가?' 내가 꿈꾸던 삶이 아니었다. 내가 원하던 40대의 모습은 어디로 갔을까? 이쯤 되면 뭔가 이룰 줄 알았고, 근사한 삶을 살고 있을 줄 알았다. 현실은 그렇지 않았다. 흔들리며 피는 꽃이 청춘이라 했는데, 40줄이 넘어서도 여전히 흔들리고 있었다. 나의 삶을 찾고 싶다. 쇼펜하우어는 누구나 혼자일 때 온전히 자기 자신이 될 수 있다고 말했다. 한 마리의 양이 되어 거대한 무리에서 떨어져나와, 자신을 찾기 위해 혼자이길 선택했다. 이제라도 꿈을 찾고, 쉼표를 찍으며 온전히 혼자이고 싶다.

스탠드 조명에 의지해 글을 쓴다. 나의 감각을 높여 창조성이 발현되도록, 무리 안에서 달리기를 멈췄다. 소중한 나를 돌보고, 삶의 가치를 찾기 위해 다음과 같은 과정을 보내고 있다.

1. 조금 일찍 일어나 혼자만의 시간을 갖는다.
2. 내면을 들여다보기 위해 기도 명상과 독서로 사색한다.
3. 내면의 명료화를 위해 멈추고, 질문하고 답한다. 그리고 쓴다.

책을 읽다 좋은 문장을 발견하면 그냥 지나칠 수가 없다. "지금 이 인생을 다시 한번 완전히 똑같이 살아도 좋다는 마음으로 살라." 니체의 글이다. 이 문장을 처음 접했을 때는 결심을 했고, 다음에는 울컥했다. 지금은, 지난 시간을 되돌아보게 된다. 믿어주고 끌어주고 싶다. 절벽 끝까지 가서 후회하지 않도록 지켜줄 사람은 오로지 나다. 나의 삶이다. 계속해서 흔들리고 넘어질지라도 툭툭 털고 일어설 수 있도록, 앞으로도 더 변화할 나를 믿고 지지한다. 온전히 나로 '삶의 주인'이 되어 자신을 풍요롭게 만들어야 한다. 이 새벽 온전히 혼자가 되어 묻는다. '다시 살아도 지금처럼 똑같이 살고 싶은가?'

2

명상으로 매일 아침을 가뿐하게

엄마의 사랑은 어떤 것일까? 아이들을 어떻게 사랑하는가? 진정한 사랑은 존중이다. 배려고 이해다. 하나의 인격체로 있는 그대로 존중하는 것. 나의 몸을 빌려 태어나긴 했지만 그건 어디까지나 통로일 뿐, 신이 잠시 맡겨주신 선물이다. 분명한 타자임을 인정하고 바르게 성장하도록 돕는 조력자. 이것이 아이를 향한 사랑의 전제 조건이 아닐까.

친정 엄마는 우리를 어떻게 키우셨을까? 바로 연상되는 모습, 뒷모습이다. 어두운 새벽 촛불을 밝히고 성모상 앞에서 무릎을 꿇고 기도하셨다. 그런 친정 엄마의 모습이 지금도 눈에 선하다. 매일 아침 기도로 하루를 시작하셨다. 가지 많은 나무에 바람 잘 날 없었지만, 친정 엄마의 한결같은 간절함으로 무탈하고 평화롭게 살아가고 있는 게 아닐까. 엄마와 자식은 보이지 않는 끈으로 연결되어 있는 듯하다. 힘든 일이 생기거나 도움이 필요할 때면 어김없이 먼저 연락을 주셨다. 마치 예지력이 있는 사람처럼 말이다.

엄마라는 존재는 자식의 아픔을 본능적으로 느끼기도 한다. 들으면 의아할 수 있지만, 종종 체하는 유리의 등을 쓸어내려주거나, 손가락 사이를 주물러주면 어김없이 나의 속이 더부룩해졌다. 그러고 나면 아이는 체중이 내려가고 속이 편하다고 한다. 내가 예민한 것일 수도 있지만, 자녀와 근원적으로 연결되어 있다는 것을 느끼게 된다.

때때로 혼자 아이를 키우는 기분이 들었다. '아이 하나를 키우기 위해서 마을 전체가 필요하다.'라는 아프리카 속담이 있다. 이는 다양한 지원과 소통의 중요성을 의미한 것이 아닐까. 아이가 셋이나 되는데, 협력해야 할 남편은 회사 일로 퇴근이 늦었고, 주말도 일을 핑계로 집을 비우는 날이 많았다. 바쁜 남편을 이해하기보다 나의 고충을 드러내기 바빴다. 때때로 나도 모르게 올라오는 부정적인 감정들, 작은 일에 신경 쓰며, 나의 기분들이 그대로 아이들에게 전해졌다. 내가 기분이 좋으면 한없이 상냥한 엄마가 되었다가, 그렇지 않으면 불량한 엄마가 되었다. 아이들이 성장하면서 다정하게 대화할 수 있는 지혜로운 엄마가 되고 싶었다. 그런데 쉽지 않았다. 아이들과 잘 지내다가도 주변 사람들 특히, 남편이 내 기대에 미치지 못하거나, 나의 바람처럼 도와주지 않을 때 나도 모르게 화가 치밀어 올라왔다. 그 '화'는 고스란히 아이들에게 퍼붓고 그의 탓이라며 원망했다.

내 마음대로 좌지우지할 수 있는 사람은 아무도 없다. 나 또한 내가 생각하는 것만큼 성실하거나 완벽하지 못하다. 행복한 가정을 만들고 싶다면, 내가 할 수 있는 가장 좋은 일은 남편을 변화시키는 것이 아니라, '나' 스스로 변화하겠다고 마음먹는 것이다. 나의 옹졸함의 원인을 들여다보고 그 고통에서 벗어나 나부터 진정한 평화를 누리고 행복해지고 싶었다. 그 대안으로 혼자만의 시간을 통해 나를 자각하는 것, 나의 마음을 돌보는 것이다. 그 시작은 '명상과 같은 기도'였다.

이른 4시 30분. 소중한 자녀를 위하고, 나의 마음을 돌보고, 현명한 '멘토 엄마'로 성장하기 위한 나와의 약속이기도 하다. 방문을 조용히 닫고 거실로 나온다. 작은 초에 불을 붙인다. 테이블 아래 방석을 끄집어내어 정좌하고 앉는다. 세상이 잠든 고즈넉한 시간, 마음을 평정하고 간절한 마음을 담는다. 신과 만나는 시간이다. 아이들이 건강하게 자라서 이 세상을 '아름다운 세상'으로 만드는 데 일조할 수 있기를. 사랑하는 가족들과 지인들을 떠올리며 마음을 모은다. 때로는 해묵은 마음의 응어리가 떠오르지만, 이내 마음이 편안해진다. 내가 앉아 있는 이곳에서 하늘 높은 곳으로 한 줄기 빛을 쏘아 올리는 일. 기도로 삶의 기준을 잡아간다. 아이들을 위한 간절한 마음이 어느새, 조용히 묵상하고 명상하는 귀한 시간이 되었다.

내가 즐겨 하는 마인드 셋 명상이다.

"상상은 삶의 핵심이다. 다가올 미래의 시사회다"라고 아인슈타인이 말했다. 그의 말처럼 긍정의 에너지가 필요할 때, 마음의 생기를 넣어주고 평정을 찾기 위해 이미지 명상을 찾아 들었다. 시작은 나를 아끼는 언니가 권해 준 명상 마인드 힐러였다. 마음이 울적한 날 틀어놓기만 해도 활력을 준다. 『당신도 초자연적이 될 수 있다』, 『BREAKING』의 저자 조 디스펜자의 호흡명상 또한 기존의 틀에서 새로운 나로 변화시키는 마인드 영상이다. 차분히 앉아서 몸의 에너지를 모으고 고양된 감정, 사랑, 기쁨, 감사를 느낄 수 있다.

신선한 아침 좋은 에너지를 받기 위해 명상을 들으며 호흡을 가다듬었다. 괜히 우울해지거나 작은 일에 에너지를 빼앗기고 싶지 않았다. 간단한 호흡만으로도 마음의 평정을 찾을 수 있었다.

호흡법은 간단하다. 마음속으로 천천히 하나, 둘, 셋 숫자를 세며 숨을 들이마신다. 숨을 참는다. 뱉는 숨은 더 천천히 내쉰다. 위와 같이 천천히 복식호흡을 하면 조급했던 마음이 누그러지고 편안해졌다.

호흡명상은 상념을 흘려보내고, 긍정의 에너지를 넣어준다. 내가 꿈꾸는 미래를 상상하거나, 좋아하는 바닷가 모래사장을 맨발로 걷는 상상이다. 예를 들면 "나는 지금 고운 모래사장을 걷고 있다. 두 팔 벌려 하늘 향해 미소 짓고, 가벼운 몸과 마음으로 발가락 사이로 고운 모래의 감촉을 느끼며 산책하고 있다. 상쾌한 바람에 바다 내음이 진하게 배어있다. 청량감 넘치는 파도 소리가 들리고 수평선에 맞닿은 파란 하늘 위로 햇살이 눈부시다." 아침마다 내가 좋아하는 곳으로 잠시 여행을 다녀왔다. 비로소 마음에 넉넉한 여유와 밝은 마음을 채울 수 있었다.

코로나19로 어수선할 때, 천주교에서 '코로나 종식을 위해 함께 바치는 9일 기도'가 있었다. 저녁 9시에 한마음으로 세계 안정을 위해 기도를 드리자는 취지였다. 아이들과 함께 코로나 종식을 기원하며 묵주기도를 시작했다. 저녁 8시 30분만 되면 마음이 바빠졌다. 9시 5분 전 아이들과 함께 성모상 앞에 앉았다. 큰아이가 기도를 선창하면, 동생들이 후렴을 읽었다. 혼자 하는 기도와 달랐다. 같은 지향을 두고 마음을 모아 기도드리는 시간. 코로나로 힘든 가정에 치유와 빠른 종식을 위해 아이들과 마음을 모았다.

최근, 6학년인 차니에게 사춘기가 오려나 했는데, 혼자서 아침저녁 기도를 드리기 시작한지 반년이 넘어간다. 이 글을 쓰기 민망하지만,

하루 이틀 하다 그만둘 줄 알았다. 스스로 무언가를 주도적으로 한다는 것과 꾸준히 이어가려는 자세가 기특하다.

어느 날 저녁 8시경, 거실에서 도란도란 소리가 들렸다. 방에서 내다보니 큰아이를 기준으로 양측에 동생들이 앉아 저녁 기도를 드리고 있었다. 세 아이의 뒷모습을 한참 쳐다보았다.

쌍둥이에게 4살 많은 형은 선망의 대상이었으리라. 평소엔, 티격태격하기도 하고 아쉬운 소리가 오고 가기도 하지만, 형이 하는 모든 것들을 자연스레 따라 한다.

형제간의 모습도 이러한데, 부모를 바라보는 아이의 마음은 어떠할까? 아이들이 바라보는 나의 모습은 어떻게 비칠지 자못 궁금해진다.

매일 아침 가뿐하게 하루를 시작한다. 가족을 위하고 나를 돌보는 최고의 시간이다. 혹시나 있을 옹졸하고 편협한 마음에서 벗어나, 조용히 마음을 들여다보면, 서서히 내면의 두려움은 잦아들고 여백이 생겨난다. 그 여백에 감사와 사랑 그리고 평화를 담기 시작한다. 내 변화의 시작이고 하루의 에너지를 충전하는 일. 은총과 축복의 시간이다. 기도와 명상으로 시작된 하루는 마음에 평온을 선물해주고 있다. 그 행복을 함께 맛보길 소망한다.

3

엄마의 새벽 시간 활용 루틴 3가지

최근 자기 계발 트렌드를 꼽으라면 단연 '미라클 모닝'이다. 2016년 한국에 출간된 베스트셀러 『미라클 모닝』에서 그 붐이 시작됐다. 일과가 시작되기 전 일찍 일어나 운동이나 공부, 독서 등 생산적인 활동으로 하루를 시작하라는 것이다.

아이들을 키우며 매일 똑같이 반복되는 일상에 내가 없어지는 것 같았다. 의식하지 않으면 습관처럼 같은 생각을 반복하며 살고 있었다. '아침은 뭘 해주지?' 어질러진 집을 보면서는 '언제 치우지?' 되풀이되는 집안일은 나를 우울하게 했다. 청소해도 잠깐이었고, 별로 나아지지 않았다. 집안일은 나의 효능감을 떨어뜨리고 내가 없는 듯했다. 나를 돌보기 위해 조금 일찍 일으켰다.

새벽은 내가 주도해가는 시간이다. 기도로 아침을 시작하며 감사의 마음을 글로 적기 시작했다. 20대까지만 해도 감사를 모르고 살았다. 아이를 낳고 가정을 꾸리며 비로소 '감사'를 알게 되었다. 그렇게 시작한 게 감사 일기이다. 플래너에 감사 일기를 쓰다가 거꾸로 미디어에서 출판한 『미래 저널』을 썼다. 그 안에는 사람, 동물, 식물, 미생물, 자연, 현상에 대한 감사 거리를 3가지 적게 되어 있다. 사람과의 관계를 넘어서 미처 생각지 못한, 동물과 자연, 현상까지다. 제일 먼저 수고한 나에게 감사를 전하고, 가족들과 이웃, 그리고 자연에 대해 감사를 드리기 시작했다. 감사를 적기 시작하자 감사의 마음이 더 확대되었다.

처음 새벽 기상은 아침 기도를 올리고, 여유롭게 차 한잔을 마시는 시간이었다. 그러다 책을 읽으며 아침 시간의 몰입도를 경험하게 되었다. 맑은 아침에 독서경험은 신선했고 즐거웠다. 다양한 책을 접하며 새벽 기상을 정착하게 되었고, 하고 싶은 루틴들을 추가하기 시작했다.

새벽 시간을 꾸준히 이어가기 위해 적용했던 '비저너리'의 방법이다.

첫째, 시작 루틴_ 나와의 약속, 꾸준히 하고 싶은 것을 찾는다.

둘째, 확언 루틴_ 환기와 긍정 선언

셋째, 기록 루틴_ 설레는 일로 환경설정

첫 번째, 시작 루틴_ 나와의 약속은 기도와 명상이다.

앞장에서처럼 기도를 마치고 호흡 명상을 한다. 처음 명상을 시작할 때는 밤에 거실에 홀로 앉아 영상 가이드를 들으며 따라 했다. 입문자를 위한 앱이나, 영상의 도움을 받으면 명상이 어렵지 않았다. 새벽 기상을 시작한 이후에는 저녁 시간이 여의치 않아 짧게 하고 있다. 별도 가이드 없이 호흡에 집중한다. 반복되는 일상이라 지쳐 있는 날에는 오늘은 내 생애 처음이자 최고의 날이라고 생각을 전환 시켰다. 마음을 가다듬었다. 방석을 엉덩이 끝에 5cm만 깔고 앉으면 허리를 곧게 펴고 오랜 시간 앉아 있기 편하다. 정좌하고 앉아 허리를 반듯이 세운다. 눈을 지그시 감고 천천히 호흡에 집중한다. 숨을 천천히 들이마시었다 내쉬며 배를 볼록하게 복식 호흡을 한다. 이때 맑은 에너지를 배에 가득 채운다. 천천히 배를 밀어 넣으며 나쁜 에너지를 내보낸다. 천천히 호흡에 집중한다. 호흡에 집중하다 보면 이런저런 일들이 떠올랐다. 올라오는 상념들을 흘려보내며, 내가 추구하는 이미지를 그리며 행복한 상상을 한다. 나도 모르게 입가가 올라가며 행복해진다. 기쁨의 에너지가 배가 되는 순간이다. 온몸 가득한 긍정의 에너지를 온몸으로 보낸다. 바디 스캔을 통해 나의 몸이 건강하다고 암시하며 머리부터 이마, 눈, 코,… 발끝까지 천천히 스캔한다. "당신의 모든 것이 명상의 일부입니다. 늘 마음을 다듬려 올바르게 살아갈 때 우리 두뇌는 참으로 고요하게 됩니다." 인도의 철학자인 크리슈나무르티의 말이다. 무의식중에 올라오는 나태와 불안에서 벗어나 고요한 세상에서 매일 '새로워지는 나', '맑아지는 나', '꿈꾸는 나'를 만나고 싶다.

두 번째는, 확언 루틴_ 환기와 비저너리 선언

나의 소명과 비전을 위한 이미지 명상을 하고, 가볍게 스트레칭을 한다. 정수기의 따뜻한 물을 내리며 주방 발코니로 나간다. 창문을 열면 상쾌한 바람에 절로 기분이 좋아진다. 바로 산이 보인다. 겨울이면 까만 창밖으로 차가운 바람이, 비가 내리면 어둠을 적시는 빗소리를, 바람이 심하게 부는 날이면 거대한 초록 나무들이 바람에 일렁인다. 자연이 주는 새벽 에너지를 온전히 받을 수 있다. 머리 위로 두 팔을 뻗어 확신에 찬 자세를 취한다. 고개를 들어 하늘을 향하면 긍정의 기분이 든다. '나는 마음의 문을 열고 우주의 모든 행운과 풍요를 받아들인다.'라고 마음속으로 읊조린다. 우주의 기운을 모아 나에게 베푸는 행운과 풍요를 받아들이는 시간. 그저 나는 그 모든 것을 받기만 하면 된다. 온몸이 충만해지는 기분이다. 따뜻한 물을 '사랑과 감사'의 마음으로 마신 후, 벽에 붙여놓은 비저너리 선언문을 나에게 들려준다.

세 번째 방법은, 기록 루틴_ 내가 찾은 설레는 일은 모닝 페이지와 독서다.

향긋한 커피 한잔을 앞에 두고 『아티스트웨이』에서 말한 '모닝 페이지'를 쓰기 시작했다. 마음에 드는 노트 한 권과 잘 써지는 펜만 있으면 가능하다. 맨 먼저 감사 일기를 쓰며 나만의 모닝 페이지를 썼다. 그저 손이 가는 대로 끄적인다. 형식에 얽매이지 않고 글을 쓴다. 이 시간을 통해 매일 아침 나의 감정을 확인할 수 있었다. 우리는 모두 각자의 무게를 안고 살아간다. 내 어깨의 짐이 너무 무겁지 않은지 마음을 어루만졌다.

내가 나를 격려하고 응원하는 쓰기다. 그 자체만으로도 편안했다. 모닝 페이지를 쓰기 전부터 새벽에는 가볍게 책을 읽었다. 새벽 기상을 본격화하면서 독서에 집중하는 시간을 늘렸다. 인생의 비전을 찾기 위해 책을 읽었다. 읽고, 생각한 것들을 정리하며 기록하기 시작했다. 기상 시간을 앞당겨가며 가장 중요한 일에 집중하며 보냈다.

새벽 기상을 하고 싶은데 잘되지 않는다면 인증 모임을 활용하는 것도 좋다. 습관을 하나씩 추가하면서 인증 모임에 참여하기도 했다. 기상 시간을 인증하고, 서로를 독려하는 모임은 동기부여가 되고 서로에게 시너지를 준다. 새벽 기상 인증을 하는 온라인 독서 모임을 했었다. 지금은 온라인 필사 모임에 인증하고 있다. 필사 노트를 타임 스탬프로 찍어서 단톡방에 올리며 기상 인증도 겸한다.

작은 습관들을 더해가며 나만의 새벽 시간을 활용하고 있다. 새벽 루틴을 정리하면 아래와 같다.

시작 루틴	이불 정리	세수	기도와 명상
확언 루틴	사랑의 물	환기와 긍정 선언	비저너리 선언
기록 루틴	모닝 페이지	필사	독서와 글쓰기

새벽 창문을 열면 새들의 노랫소리가 경쾌하게 들린다. 이른 아침 소소하지만 나를 돌보는 시간이다. 혼자 있는 시간은 나를 성찰하고, 가능성을 깨우는 시간이다. 이때 채운 에너지로 가족들에게 사랑을 전할 수 있어서 좋다. 살아 있는 기분을 온전히 느낄 수 있다. 작지만 좋은 습관들로 더 나아진 나의 정체성을 만들어가고, 잠재력을 발휘할 날을 위해 준비한다. 새벽 시간을 알차게 쓰는 것만으로도 기분 좋은 시작이 되었고, 만족감을 안겨주었다.

작은 습관이 내가 원하는 사람이 되도록 돕고 있는지 생각해봐야 한다. 주기적인 숙고와 복기는 인생의 큰 그림을 놓치지 않고 삶의 의미와 정체성을 찾을 수 있다. "반복적으로 무엇을 하느냐가 우리를 결정한다. 그렇다면 탁월함은 행위가 아닌 습관이다."라고 했던 아리스토

텔레스의 말처럼, 반복적인 습관을 통해서 새로운 정체성을 만들어간다. 탁월함의 시작은 꾸준함에서 비롯된다.

4

나를 꿈꾸게 하는 마력의 '확언 메시지'

나에게 해주고 싶은 말이 있는가? 당신의 언어는 누구를 향해 있는가? 나에게 보내는 나만의 메시지를 가지고 있는가? "당신이 바로 당신 세상의 힘이다. 당신이 선택한 생각대로 이루어진다!"라고 나의 영적 멘토인 루이스 헤이는 말했다. 우리는 각자만의 특별한 힘을 가지고 있고, 자연의 이치처럼 각자 고유한 생명력으로 자신을 표현하기 위해 이 땅에 태어났다. 그런데도 의식하지 못한 채 자꾸 타인과 비교하게 되는 마음을 알아차리고, 지금, 이 순간 삶이 주는 메시지를 놓치지 않아야 한다. 부디 깨어 있는 삶으로 하루의 시작과 마무리는 나에게 사랑의 말을 해주면 어떨까.

작년 봄. 코로나로 아이들의 등교는 제대로 이루어지지 않았고, 부단히도 힘들고 지쳐 있던 시간이었다. 늘 고단했고, 주어진 책임과 의무감에 하루가 버겁게만 느껴졌다. 지금, 이 순간의 감사가 아닌 그저 하루하루를 살아내기 급급한 모습이었다. 체력적으로 한계가 왔을까, 아이들을 잘 돌보고 있는 걸까, 일상이 고단하게 느껴졌다. 인생에서 가장 소중한 것은 무엇일까, 두서없이 이런저런 마음이 불쑥불쑥 올라왔다. 아이들을 재우고 좀처럼 잠이 오지 않았다. 밤 11시가 훌쩍 넘은 시간이었다. "나를 받아들이고 인정하라. 삶이 안기는 모든 축복을 누릴 가치와 자격이 있다고, 나 자신을 높게 평가하라. 나 자신을 믿어라." 루이스 헤이의 조언이다. 나 자신을 얼마만큼 신뢰하고 있는가?

식탁에 홀로 앉아 지인이 권해준 책 『미러』를 펼쳤다. 첫 장에 너를 사랑한다고 말하라. "Loving yourself"라는 문구가 들어왔다. 책장을 넘기던 손이 멈췄다. "삶에서 가장 중요한 관계를 꼽으라면 나와 나 자신"이라고 말하고 있었다. 이 부분을 읽으며 숨이 멎는 기분이었다. 코끝이 시큰해졌고 먹먹했다. '나'의 존재를 의식하지 못한 채 딸로, 아내로 특히 엄마 역할에만 중점을 두고 살아왔다. 나를 잊고 살았다. 잊고 있었지만, 가장 중요한 사람이었다. 루이스 헤이가 조언한 대로, 나의 이름을 부르며 사랑의 마음을 전했다.

"정진아, 사랑해. 정말로 사랑해. 그동안 애썼어." 가슴 깊은 곳이 뜨거워졌다.

"너의 정성으로 아이들이 잘 크고 있어. 이젠 너 자신을 돌봐도 돼."
한 손에 휴지를 들고 흐르는 눈물을 닦았다. 잘하고 싶다는 마음만으로 부족한 역량을 채우기 위해 애쓰느라 지쳐 있었다. 지난 삶이 슬라이드처럼 지나가고 가슴 깊이 묻어두었던 돌덩어리가 느껴졌다. 마음이 먹먹해졌다. 나의 팔로 나를 꼭 안아주며, 토닥토닥 기운을 넣어주었다. 그동안 엄마로 열심히 살아온 나에게 '수고했다.', '애썼다.'라고 따뜻한 위로를 건넸다. 삶이 고된 분들이 들으면, 그게 뭐가 힘드냐 하실 수도 있다. 그러나 각자 주어진 삶의 무게는 너무도 주관적이고, 자신이 감당하는 무게는 본인만이 안다. 나처럼, 스스로 만든 책임감과 의무감에 지쳐 있다면, 잠시 자신을 들여다보며 자신에게 말을 걸어보는 시간을 가져보면 좋겠다.

"너를 짓누르는 것은 미래도 과거도 아니고, 언제나 현재라는 사실을 상기하라. 현재의 시간이 너에게 선물이 되게 하라."라는 『명상록』의 한 구절처럼, 과거를 돌아보며 힘들었다고, 토로하며 넋두리로 시간을 보내기엔 인생이 너무 짧다. 지나간 시간이 아니라 지금, 이 순간에 초점을 맞추는 삶이어야 한다. 이날 이후 나를, 더 많이 사랑하고 돌보기로 했다. 주변 사람들을 너무 의식하지 않기로 말이다. 지나온 시간도, 앞으로 나아갈 길도 내가 선택할 나의 길이다. 지금 내 시간의 주인공으로, 내 삶의 주인공에게 이젠 말할 수 있다. '나는 나를 존중한다고.'

나에게 해주고 싶은 말 '나만의 확언'을 만들어 응원의 메시지를 전하기 시작했다. 나에게 초점을 맞추고, 사랑하고 지향하는 모습을 우선으로 적었다. 이른 아침 '모닝 페이지'에 끄적이며 문장을 만들어보기도 했다.

『치유』책의 좋은 글귀를 옮겨 적으며, 나에게 가장 적합한 것을 찾아 정리했다. 나를 있는 그대로 존중하고 응원하는 글을 찾았다. 나에게 영감을 주고 나를 격려하는 것이 중요했고, 내 인생의 지표가 될 글이었다. 『엄마를 위한 미라클 모닝』의 저자 최정윤 선생님도 "나에게 자신감과 긍정적 확신"을 주는 글을 모아 확언을 만들었다는 글을 보고 반가웠다. 자신에 대한 사랑을 대변하는 확언이다. 작년 9월 북클럽 독서모임 덕분에 『치유』를 재독하고 블로그에 글과 녹음한 영상을 올려두었다.

우리 각자만의 특별한 힘을 발현하기 위해 나만의 메시지를 만들어 보면 좋겠다. 내 안의 나를 응원하고 격려해보면 어떨까. 다음과 같은 3가지 조건을 생각하며 만들어본다.

첫 번째, 반드시 긍정의 에너지가 듬뿍 담긴 사랑의 언어로 만든다.

두 번째는, 내가 소망하는 미래의 모습이 있다면 마치 다 이룬 것처럼 확신의 언어로 만든다.

세 번째 방법은, 하루를 시작하거나 마무리할 때 나에게 들려준다.

이렇게 찾은 메시지를 나에게 들려주기 시작했다.

나를 위한 '비저너리'의 긍정 확언

나는 마음을 열고 우주의 모든 행운과 풍요를 받아들인다.

나는 하느님이 선택한 소중한 딸이다.

나는 나만의 빛을 내기 위해 이 세상에 왔다.

나는 나를 사랑한다.

나의 삶은 모든 것이 완벽하고, 온전하며, 완전하다.

나는 내 안의 위대한 힘을 발산하는 지혜가 있다.

나는 사랑의 원천이며 우아하고 아름답다.

나의 언어가 삶을 빛으로 인도한다.

내가 알아야 할 모든 것이 나에게 주어져 있음을 알기에,

필요로 하는 모든 것들은 제때, 적절한 곳에 순서에 맞게 올 것을 알기에,

나는 이 힘과 지혜를 믿는다.

내 주위에는 사랑을 베풀 줄 아는 사람들이 함께한다.

그들은 나를 비춰주는 거울이기에 모든 사람을 사랑으로 대하며,

조화롭게 균형 잡힌 인간관계를 유지한다.

나에게 내재된 창조적인 재능과 능력을 활용해

나를 사랑하는 사람들과 즐겁게 일하며 충분한 수입도 얻는다.

내가 하게 될 일은 무엇이든 간에 틀림없이 성공한다.

나는 항상 건강하다.

나는 나의 몸을 사랑하며, 있는 모습 그대로 받아들인다.

나는 좋은 음식을 먹고 즐겁게 운동한다.

나는 내 몸을 보며 자부심을 느낀다.

나는 넘쳐나는 에너지를 사랑한다.

나는 나를 사랑한다.

나는 현재에 충실하고 매 순간 최선을 다하며, 날마다 모든 일이 쉬워진다.

나의 장래가 밝고 즐거움이 가득하며 평화롭고 안전하다는 것을 안다.

나는 웃음이 넘치는 행복한 가정을 만든다.

나는 긍정 에너지와 선한 영향력으로 아이들과 이웃들의 비전 멘토이다.

온 우주가 나를 위해 움직이고 있다.

나는 우주가 사랑하는 어린아이이고,

우주는 나를 언제까지나 사랑으로 정성껏 보살펴준다.

나의 세상에서는 모든 일이 순조롭다.

위 메시지 글처럼 내가 알아야 할 '모든 것이 나에게 주어져 있음'을 안다고 말하기 시작하자, 모든 결정을 내릴 때 주저하고 늦추던 습관을 버릴 수 있었다. 잠시 묵상하며 정말 중요한 일인지 숙고하며 정리하게 되었다. 모든 것들은 제때, 적절한 곳에 순서에 맞게 올 것을 안다고 말하기 시작하자, 나에게 벌어지는 모든 현상에 대해 다시 생각하기 시작했다. 그 일이 왜 일어났는지 나에게 주는 메시지는 무엇인지 멈춰서 생각해본다. "우리는 치료를 받아서 치유된다기보다 우리 자신이 하는 말로 인해 치유된다."라고 옵아트 모러는 말했다. 내가 뱉어내는 말은 나의 미래가 된다. 나는 내 안의 힘과 지혜를 믿는다.

응원 메시지를 핸드폰에 녹음해서 잠들기 직전 틀어놓는다. 간혹 너무 피곤해서 깜박할 때 딸아이가 먼저 챙긴다. 엄마의 목소리를 들어야 잠이 잘 온다고. 밤마다 아이들과 함께 긍정의 메시지로 '나는 나만의 빛을 내기 위해 세상에 왔음'을 잠재의식에 넣으며 모든 일이 순조롭게 펼쳐질 것을 믿는다. 세상사가 내가 원하는 대로 다 되진 않는다. 그러나 이렇게 순리대로 될 것을 생각하며 그 외에는 신경 쓰지 않기로 했다. 매일 아침 긍정 확언과 메시지를 들으며 나 자신을 소중히 대하는 방법을 알게 돼 자연스럽게 자존감이 높아졌다. 나의 삶은 점점 좋아진다고 느낀다. 무기력이 엄습해올 때 차분히 앉아서 메시지를 듣는다. 듣고 나면 그 자체로 모든 일이 순조롭다.

나만의 고유한 생명력으로 특별한 힘을 발휘해본다. 고요한 새벽 나를 위해 따뜻한 차를 준비한다. 나에게 보내는 사랑의 언어로 평온한 하루를 시작한다. 지금 이대로의 나를 사랑한다. 타인의 사랑을 갈급하기 전에 내가 나를 존중한다. 사랑한다. 비로소 타인도 나를 존중하고 신뢰하는 마음이 생긴다. 나를 향한 '사랑'과 '존중'으로 오롯하게 '충만한 삶'이 되어간다. 나에게 건네는 사랑의 언어가 나를 더 소중하게 인도한다.

삶의 주인이 되는 나만의 은신처 만들기

엄마가 주로 머무는 공간은 어디일까?

어느 집이나 개인 공간과 공용 공간으로 나눠진다. 각자 아이들의 방이 있고, 부부가 함께 쓰는 안방, 그리고 거실과 주방이다. 대부분 엄마의 공간은 주방이다. 주방에서 일하는 시간이 많다 보니 나도 처음엔 식탁에서 책을 보는 것이 편했다. 그러나 몰입도는 떨어지고 집안일이 먼저 눈에 들어오곤 했다.

『자기만의 방』의 작가인 버지니아 울프는 사회적 관습의 틀 속에서 채워지지 않는 지적 호기심과 여자라는 벽을 헤쳐가기 위해서는 자기만의 방에서 글을 써야 한다고 강조했다. 『자기만의 (책)방』의 저자 이유미도 내 공간에 대한 로망과 애착이 크다는 것은 나를 소중히 돌보고 싶다는 증거라고 말한다.

서양과 달리 동양의 공간은 밥상을 펴면 식사하는 곳이 되고, 이불을 펴면 잠자는 곳이 된다. 다양한 행위가 복합적으로 이루어진다는 장점은 있으나, 작업에 대한 효율은 떨어진다. 식사를 위한 식탁, 수면을 위한 침실, 책 읽는 의자로 목적에 맞게 공간을 구획하면 용도별 능률을 높일 수 있다. 자연히 기대하는 습관도 쉽게 형성된다.

집안에 나만의 공간이 있는가? 나를 위한 공간은 얼마나 커야 할까? 각자 상황에 맞게 나만의 의자 하나, 또는 테이블 하나라도 있으면 좋겠다.

신혼 때는 남편과 나의 책상을 옆으로 나란히 두어 서재를 마련했었다. 평일 밤이나, 주말에 서재에서 차 한 잔을 즐기며 독서도 하고 이야기도 나눌 줄 알았다. 그러나 남편은 이른 새벽 회화 학원을 들러 출근하기 바빴고, 나 또한 야근이며 철야가 많았다. 서재에 나란히 앉아 책을 보거나 담소를 나눈 기억은 없다. 결혼 후 5년 만에 첫아이를 낳고, 서재는 아이의 물건들을 쌓아두는 창고로 전락했다. 기저귀 더미, 보행기, 장난감, 물려받은 책들로 그 작은 서재가 커다란 창고가 되었다. 쌍둥이를 낳고 이사한 곳에서도 아이들 방을 마련해주니, 나의 공간은 차치하고라도 서재로 쓸 공간은 없었다. 아이들이 태어나면서 책 읽는 환경을 마련해주고 싶었던 나는 거실을 서재로 만들었다. 거실을 차지하던 소파를 창가로 돌려놓았다. TV는 안방에 있었고 거의 보지 않았다. 거실 양측에 커다란 책장을 두고, 한가운데 6인용 테이블을 마련하니 근사한 서재가 되었다. 각자 자리를 정했고, 큰아이와 마주 보는 곳으로 내 자리를 정했다. 테이블에 앉아 책을 펴면, 아이들도 하나둘 모여 책을 읽거나, 그림을 그리며 자연스레 내가 원하던 환경이 되는 듯했다. 내가 꿈꾸던 거실의 모습이었다.

그런데 시간이 지나자, 말끔한 테이블이 아니라, 아이들의 크레파스와 학용품, 심지어 레고와 블록들로인해 어수선한 놀이 공간으로 변해가곤 했다. 매번 레고를 치우는 것도 번거로웠고, 좋아하는 놀이도 존중해주고 싶었다. 이때가 아니면 언제 이렇게 놀까 싶었다. 아이들 용품으로 가득한 테이블을 피해, 슬그머니 식탁으로 옮겨 책을 보거나 노트북을 펼쳤다. 그러자니, 매번 식사 시간이 되면 치우고 옮기기를 반복해야 했다. 조용히 노트북을 펼칠 곳이 필요했다. 집안을 둘러보아도 나의 공간을 마련할 곳이 마땅치 않았다. 몇 년 뒤에 이사가 예정되어 있어서 그때까지 미룰까도 생각했지만, 적당할 때는 누가 정해주는 게 아니라고 생각했다. '내 공간을 만들자.'라고 마음먹었다. 마음먹은 지금이 가장 적당한 때다.

즐겁게 놀고 있는 아이들을 피해 딸아이 방으로 들어갔다. 아이가 셋이다 보니 우리의 서재는 없어지고 갈 곳을 잃었던 남편의 책장과 책상을 딸에게 물려준 곳이다. 햇살이 적당히 들어오는 발코니를 둔 딸아이 방은 책 보고 공부하기에 최적의 장소였다. 창문을 열어 환기를 시키고 나니 차가운 바람이 기분 좋게 들어왔다. '아, 이곳이다.'라는 생각이 들었다. 딸아이가 쓰기엔 책상도 의자도 너무 크다고 생각한 터라, 공간을 나누어 쓰기를 청했다. 딸을 꾀어서 작고 예쁜 책상을 사주기로 했다. 딸 방에 벙커 침대가 있었으나, 코로나로 안방에서 함께 자기 시작하며 거의 사용하지 않았다. 딸은 방과 후엔 주로 거실 테이블에서 책을 읽거나 좋아하는 그림을 그렸다. 이 방은 명목상 딸의 방이지만, 나의 공간으로 안성맞춤이었다. 아이를 위해 작은 책상을 준비해서 기존 책상과 나란히 두었다. 아이의 마음이 바뀌기 전에 부지런히 나의 책들을 옮겨 놓았다. 마주 보는 벽에는 그동안 꿈꾸던 비전 보드를 출력해서 좋아하는 문구와 함께 붙였다. 나에게 긍정의 에너지를 주는 '비저너리 선언문'도 붙여놓았다. 예쁜 탁상시계와 책 받침대, 노트북을 가져다 놓았다. 아이가 직접 그려서 만든 탁상 달력도 놓고, 스탠드도 가져다 놓았다. 이 방에서 내 공간은 책상과 의자가 차지하는 정도에 불과하지만, 그것만으로도 좋았다. 다행히 아이도 좋아한다. 수시로 책상에 앉아 책을 보거나 편하게 온라인 강의를 듣게 되었다. 딸아이는 종종 책을 들고 와 독서도 하고, 조잘조잘 이야기도 나눈다. 이렇게 나란히 책상을 두고 남편과 못 해본 것을 딸아이와 즐길 수 있게 되었다. 비 오는 오후 커피와 코코아를 준비해서 나란히 앉아 책을 본다.

거실에서 가벼운 새벽 루틴을 마치면 나의 공간이 빛을 발하는 순간이다. 책상 앞에 붙어 있는 나의 '비저너리 선언문'을 소리 내어 읽는다. 축복의 시간 희망과 꿈을 향해 나를 다지는 시간이다. 온전히 새벽 3시간은 나를 위한 시간이다. 나만의 공간이 있기에 꾸준히 이어갈 수 있다. 학창 시절 공부하던 묘미가 되살아나기도 하지만 그때의 의무감이 아니기에, 이 공간은 설렘으로 다가온다. 매일 아침 아이들도 맨 먼저 이 방으로 들어온다. 행복하게 시작할 에너지를 가득 채웠기에 아이들을 꼭 안아주며, 아침 준비를 하는 내내 마음이 가볍다. 아이들이 모두 학교에 가면 온 집안의 창문을 열어 바람길을 만들어준다. 상큼한 봄바람에 기분이 좋다. 창밖으로 보이는 노란 산수유에 꽃이 피었다. 반가운 햇살이 정원을 가득 채운다. 봄바람에 실린 꽃내음이 내 마음에 금가루를 뿌린다.

나는 왜 이렇게 나만의 은신처를 만들고 싶었을까? 나를 소중히 돌보고 싶다는 증거로 '나'만의 공간이 필요했나 보다. 나를 돌보며 꿈과 희망을 품기 위해 한 평을 마련한 거라고 말하고 싶다. 나만의 새벽을 만난다. 나만의 공간에서 책을 읽는다. 나만의 한 평에서 글을 쓴다. 나만의 방에서 작가로, '비저너리 라이프'의 꿈을 키운다. 꼭 물리적 독립 공간이 아니라도 상관없다. 마음을 모으고 정신을 집중할 수 있는 자리면 충분하다. 밥상 앞이라도 좋고, 침대 위라도 상관없다. 바로 지금, 그곳에서, '나의 인생'을 다시 설계해보는 거다. 나에게 말해주고 싶다. 더 힘을 내라고, 절대 포기하지 말라고, 더 큰 꿈을 꾸라고, 매일 글을 쓰라고, 이 공간에서 보내는 지금의 시간이 언젠가 내 삶에 빛을 밝힐 거라고.

6

내 책상 위, 꿈과 희망을 그린 보물 지도

"길을 떠나려면 자기가 어디로 가야 하는지를 우선 알아야 한다." 레프 톨스토이의 말처럼 길을 떠나는 이유와 방향을 정확히 알아야 원하는 곳에 닿을 수 있다. 인생의 종착지는 어디일까? 한 방향으로 몰아치던 학창 시절, 밤샘하던 직장생활, 그리고 육아를 하며 내 삶은 어디를 향하는지 의문이 들기 시작했다. 살아야 하는 이유가 있지 않을까? 인생의 가치를 찾아 나의 삶을 살고 싶다는 소망.

세계적인 비즈니스 컨설턴트인 브라이언 트레이시의 『목표 그 성취의 기술』에서 목표의 중요성을 이야기한다. 하버드 MBA 과정 재학생들을 대상으로 목표 설정에 관한 연구가 진행된 적이 있었다. 재학시절 뚜렷한 목표를 세우고 그것을 달성하기 위한 구체적인 계획을 세운 학생은 전체의 3%였고, 13%는 목표는 뚜렷했지만, 구체적인 실천 계획은 없었다. 재미있는 것은 그들의 졸업 후 수입이다. 목표와 계획이 뚜렷했던 3%는 나머지 97%의 평균 수입의 10배에 달하는 수입을 올리고 있었고, 목표만 있던 13%는 나머지보다 평균 2배의 수입을 올리고 있었다. '목표와 구체적인 계획이' 같은 강의실에 앉아 있던 학생들의 운명을 바꿔버린 것이다. 어쩌면 다 아는 내용일 수도 있다. 들어봤고, 머리로는 알고 있지만, '구체적인 계획을 세웠는가?' '목표를 향해 달려가 보았는가?' 학창 시절부터 지금껏 단기적인 목표는 수도 없이 세워봤고, 달려본 기억도 있을 것이다. 그렇다면 이제, 다시, 시작해보는 거다. 지금 아니면 언제 시작할 것인가! 인생의 목표가 어렵다면 1년을 위해 나만의 '드림 보드'를 만들어보자고 생각했다. '커다란 종이에 꿈을 쓰고, 이미지와 사진을 붙인다. 눈에 잘 띄는 곳에 붙이고 매일 바라보는 것이다.' 우리의 '뇌는 상상과 현실을 구분할 수 없다.'라고 한다. 내가 소망하는 이미지를 찾았다. 나만의 '드림 보드'를 만들어보니 크게 3가지 이점이 있었다.

첫 번째, 우울할 틈이 없다. 매 순간 설렘으로 가득하다.

『시크릿』책이 2007년 출판되었을 때, 언니가 영상을 보내줬다. 원하고 바라는 것은 이미지로 생생하게 상상하면 할수록 끌어당김의 법칙이 적용된다는 것이다. 당시엔 신선한 충격이었으나, 야근과 철야에 직장 다니기 바쁘던 때였다. 그 후로도 다른 책을 통해서 꿈을 이미지화하고 상상할 때 이룰 수 있다는 내용을 접하게 되었다. 책에서 영감을 받았으나 간절함이 없었다.

그러나, 생사를 맞닥뜨린 아이들을 향한 어미의 마음은 간절함 그 자체였다. 초미숙아다 보니 미숙아 망막 병증, 심장, 뇌, 폐 등 모든 것이 미숙한 상태였다. 담당의는 "인큐베이터에서 잘 견뎌내길 바란다."라며, 미숙한 장기를 손쓸 방법은 없다며 스스로 완전해지길 바란다는 것이었다. 그때 할 수 있었던 것이 이미지 트레이닝이었다. 건강한 쌍둥이 사진을 인쇄했다. 눈에 잘 보이는 거실 한가운데와 주방 냉장고에 붙이고 지갑에도 넣고 다녔다. 하루에도 몇 번씩 상상하고 간절하게 기도했다. 생사의 갈림길에서 거듭되는 수술이며 시술이 이어졌다. 그때마다 더 건강하게 잘 자랄 것이라고 기도와 긍정의 마음을 더했다. 예쁘게 웃고 있는 쌍둥이 사진을 수시로 보며, 인큐베이터에 있는 이른둥이와 오버랩했다. 이런 과정 덕분에 아이들에게 녹음해서 가져다주던 녹음기에도, 면회 때 나의 에너지도 분명 밝고 긍정적인 파장이 전해졌을 것이다. 그 힘겨웠던 시절 웃을 수 있었고, 아이들의 행복한 내일을 기대했고, 간절한 소망처럼 건강하게 퇴원할 수 있었다고 확신한다.

두 번째는 시간을 효율적으로 쓸 수 있다.

헨리에트 앤 클라우저 박사가 쓴 『종이 위의 기적, 쓰면 이루어진다』라는 책의 내용을 보면, 자신의 열망을 쏟아부어서 적은 메모 한 장, 글 한 줄은 모두 에너지를 담고 있다고 한다. 그 에너지가 목표를 끊임없이 끌어당김으로써 결국 사람과 세상을 움직이게 된다는 것이다. 이처럼, 강렬한 열망으로 적은 한 줄로 운명을 바꾼 사람들이 있다. 영화 한편 당 2,000만 달러라는 어마어마한 출연료를 받는 영화배우 짐 캐리도, 세계 2,000개 이상의 신문에 만화 〈딜버트〉를 연재하는 스콧 애덤스도, 존 고다드의 꿈 리스트도 빼놓을 수 없다. 종이 위에 소원을 쓰는 것을 시작으로 꿈을 이룬 사람들이다.

큰아이가 초등 3학년 때 존 고다드의 『존 아저씨의 꿈의 목록』이라는 책을 함께 읽었다. 꿈 목록을 작성하고 이루어낸 것을 기록한 책이다. 존의 목록을 차니와 함께 읽고 꿈 목록을 작성해보았다. 그동안 써오던 바인더에 나만의 꿈 목록을 추가했다. 꿈과 함께 실현 연도를 적어놓고 보니, 묘한 기분에 신이 났다. 역산으로 년, 월, 매주 스케줄을 계획하며 소소한 일상에 꿈이 더해졌다. 꿈 목록을 근거로 시간 관리를 하게 되자 일의 우선순위를 고려하게 되었다. 하루는 24시간, 1,440분으로 이루어져 있다. 때때로 엄마들은 분, 초를 다투며 바쁘게 살아간다. 주어진 시간에 해야 할 일들이 넘쳐나기에 멀티태스킹은 기본이다. 가정 대소사부터 아이들의 일까지 세세하게 챙겨야 한다. 여기에 나를 위한 시간을 기록한다. 그 시작이 나의 책상 앞에 '드림 보드'를 붙여놓았기에 가능한 일이었다. 허투루 시간을 쓰지 않도록 기록하고 계획하게 되었다. 계획한 대로 다 되는 것은 아니지만, 기록하고 가시화된 리스트를 보면서 유연하게 시간 관리를 하게 되었다.

세 번째는 삶의 방향을 찾을 수 있다.

레프 톨스토이는 "속도보다 방향이 중요하다."라고 말했다. 빨리 가려는 조급함에 앞서 어디로 향해 가는지 모르는 경우가 허다하다. 목적지를 명확히 해야 함을 선인들의 지혜로 알려주고 있다. '드림 보드'를 만드는 것도 마찬가지다. 내가 지향하는 삶의 모습을 숙고한 끝에 나만의 보드를 만들면 된다. 조급함은 비교에서 비롯된다. 다른 사람의 꿈과 목표가 아닌 나의 소망을 탐색하고 모색해야 한다.

지난 시간, 열심히 땀 흘려 일하면 행복할 줄 알았으나 그렇지만은 않았다. 삶의 여정은 변화무쌍했고, 예측할 수 없었으며 곳곳에 장애물이 숨어 있었다. 지나고 보니 그 또한 새옹지마였으며, 또 다른 기회의 문이 열린다는 것을 알게 되었다.

아이를 낳고 인생의 소중함을 알게 되었다. 그로 인해 삶의 각도가 달라지기 시작했다. 육아를 통해 내적인 변화가 증폭되었다. 어른으로 성장할 수 있도록 아이들은 나침반이 되어주었고, 삶의 방향을 제시해 주고 있다. 내 어깨 위에 올려진 짐이 무겁다고 투덜거렸으나, 그 무게

덕분에 웬만한 바람에는 흔들리지 않는다. 더 건강한 다리를 얻게 되었고, 내 삶을 감당하는 힘이 되었으며 무엇보다 삶의 의미와 가치를 숙고할 기회를 갖게 되었다.

드디어 소망이 현실이 되었다. 1년 동안 이루고 싶었던 이미지를 붙여둔 덕분에 작은 바람들을 이루게 되었다. 그 시작은 책상 앞에 붙여둔 '드림 보드'였다. "신이 인간에게 불가능한 꿈을 주실 때는 그것을 도와주겠다는 의미다." 레그손 카이라의 말이다. 『마법의 보물지도』에 실린 이 글을 읽고 가슴이 두근거렸다. 우매한 나의 머리로 재고 따지지 말자. 잊고 있던 꿈을 되찾고 하나씩 이뤄가는 꿈을 기꺼이 상상해보기로 했다. 카이라의 말처럼 나머지는 신이 도와주시겠지. 나만의 1년 계획이었던 '드림 보드'의 작은 꿈을 이룬 성취감으로, 거시적인 인생 꿈을 모아 '보물 지도'를 만들었다. 가슴 깊이 묻어두었던 인생 후반전의 꿈과 소망을 담기 위해 머릿속 상상과 유사한 이미지를 찾았다. 드디어 나만의 보물 지도를 완성했다. 나의 '보물 지도'를 보며 아침마다 가슴 설렌다. 『해마』의 저자이자 뇌 연구가인 이케가야 유지는 잠재의식에 관해 이야기한다. 뇌의 단기 저장 역할을 하는 해마에게 중요한 것은 '이 정보가 꼭 필요한 것인가.' 하는 것이다. 여러 번 반복할 때, 꼭 필요한 정보라고 판단한 뒤 대뇌피질에 그 정보를 보낸다. 자신이 이루고자 하는 이미지를 반복해서 보면 해마는 장기 기억으로 인식

한다. 자신에게 꼭 필요한 정보로 인식하기 때문에 잠재의식은 이를 이루기 위해 분주히 움직이게 된다는 것이다. 나의 뇌와 협업하며 꿈을 향해 나아간다.

나의 '보물 지도'를 만들어 책상 앞에 붙였다. 내 안에 잠들어 있던 소망과 꿈들을 가시화했다. 매일 아침 가슴 설레고 행복해진다. 심박수가 빨라진다. 이러다 큰일 날지도 모르겠다. 나도 모르게 입가에 미소가 번진다. 인생의 가치를 향해 내가 만들어가는 삶을 주도하게 되었다. 최근 대뇌생리학과 심리학 연구를 통해 두뇌활동이 밝혀지고 있다. 머리로 상상한 이미지와 비전을 생생하게 느끼는 사람일수록 자신이 원하는 인생과 가까워진다. 강렬한 동기가 행동을 촉구하기 때문이다. 나만의 '보물 지도'를 설계하고, 상상하는 것, 내가 원하는 인생을 숙고할 시간이다. 나만의 '보물 지도'를 반복해서 상상한다. 잠재의식이 그것을 이루기 위해 바빠질 것이다. 매일 아침 나만의 지도로 가슴 뛰는 여행을 준비한다. 우리 함께 '비저너리 라이프', '지혜로운 삶'을 향해 자신만의 여정을 시작해보면 어떨까.

7

인생에도 하프 타임이 필요하니까

큰아들이 좋아하는 축구에는 전반전과 후반전 사이에 하프 타임이 있다. 하프 타임이란 사전적 정의는 축구, 농구와 같이 전·후반이 있는 구기 경기에서, 전반과 후반 사이에 쉬는 시간을 말한다. 축구 경기는 전반 45분 뒤에 15분 이내의 하프 타임이 주어진다. 이 시간은 단지 휴식 시간일까?

어렸을 때부터 공을 좋아하던 차니는 초등학교에 들어가며 친구들과 축구부를 결성했다. 거의 매일 축구를 하며 놀다가 매주 수요일엔 정식으로 훈련받고 왔다. 학년이 올라가며 다른 학교 친구들과 축구

대항을 하기도 했다. 이날은 가족들이 모두 모여 아이들을 응원하는 날이다. 경기가 시작되면 공을 쫓느라 땀을 뻘뻘 흘리면서 뛰어다니는 아이들 못지않게 응원하는 부모들 목소리도 여기저기서 들려온다. "뛰어! 뛰어! 패스, 패스!" 이날만큼은 아빠들의 목소리가 제법 커지는 날이다. 눈에 불을 켜고 아이를 따라 응원하다 보면 어느새 "삑!" 호루라기 소리가 들린다. 전반전이 끝난 것이다. 우리 팀이 공을 넣었을 때는 방실방실 웃지만 그렇지 못했을 때는 어깨가 축 처져서 모인다. 아이들은 감독의 격려와 새로운 전략을 들으며 다시 눈을 반짝인다. 후반전을 위한 알토란 같은 시간이다. 하프 타임은 승패를 가르는 중요한 시간임에 틀림이 없다.

축구 경기처럼 인생에도 하프 타임이 필요하지 않을까. 축구 경기는 전반 45분을 뛰고, 15분 이내의 하프 타임을 갖고, 후반 45분의 경기를 한다. (전반 45분 : 하프 타임 15분 : 후반 45분). 승부가 나지 않으면 추가 시간이 주어진다. 내 인생의 하프 타임은 언제인가. 엄마의 인생에 대입해보면 어떨까. 개인차가 있으나 대략 서른을 기준으로 아이를 낳고 엄마가 된다. 물론 나처럼 아이를 늦게 낳은 엄마도 있고, 더 빨리 엄마가 된 이들도 있다. 대략 인생의 전반전을 서른으로 가정해본다. 그럼 아이를 양육하는 기간은 얼마나 될까. 이것도 물론 단정 지을 수 없지만, 아이가 초등학교 중학년이 되면 스스로 하는 것이 많아진다. 이 시기가 10년 정도 걸린다. 딱 잘라 10년이 아니라 돌봄에서 벗어나는 기간이라고 생각된다. 더 막중한 정신적인 멘토의 역할로 바뀌는 시기이며, 엄마 인생의 후반전이 기다리고 있다. 아이가 둘이나 셋, 더 많다면 육아 기간은 늘어날 수밖에 없다. (인생 전반 30년 : 육아 10년 : 인생 후반 30년+@) 인생의 위치가 명확해지는 순간이다.

쌍둥이가 올해 초등 2학년이다. 법정 육아 휴직이 초등 2학년까지이므로 육아 시기가 거의 끝나가고 있다. 한발 물러서 보니 보인다. 아이를 낳고 기르는 이 과정이 바로 엄마를 위한 진정한 하프 타임이었다는 것을. 열심히 살아왔던 일선에서 한 발짝 물러나서 아이와 온전히 교류하고 사랑을 나누는 시간이다. 어린 자녀와 휴식을 취하기도 하고, 때론 아이를 돌보며 밤잠을 설치기도 한다. 자녀와 함께 몸과 마음이 성장하는 시간이며, 더 중요한 후반전을 준비하는 기간이다. 육아가 하프 타임이라고 생각하는 이유는 다음과 같은 3가지 이유에서다.

첫 번째, 육아는 여성에서 엄마 그리고 '어른'으로 성장시킨다.

남들보다 한참 늦게 아이를 낳고 보니, 아이를 키우면서 진정한 어른이 된다는 말이 이해되었다. 잠이 많던 내가 아이가 감기라도 들면 밤을 새우며 아이 돌보기를 자처하고, 징징대는 아이에게 나도 모르게 버럭 화를 냈다가 이내 반성하며 조곤조곤 설명해주려 노력했다. 차니가 자전거 사고로 머리에 피가 철철 흐르는 모습에 기절할 뻔했지만,

대범하게 마음을 추스르며 놀란 차니를 안정시켰다. 아이들은 하루라도 잠잠할 날이 없었고, 하루에도 몇 번씩 업·다운을 반복하며 웬만한 일에는 놀라지도 않는 대범한 엄마가 되어갔다. 아이는 나의 못난 부분조차도 하나부터 열까지 답습했다. 나의 부끄러운 모습이 아이에게 반사될 때, 반성하고 반성하며 더 나은 엄마가 되려고 노력하게 되었다. 더디긴 하지만 조금씩 더 나은 엄마. 인(忍)을 마음에 품은 어른이 되어가고 있다.

두 번째는 육아는 새로운 배움에 '도전'할 수 있는 시간이다.

임신과 동시에 태교라는 걸 하고, 경이로운 생명의 탄생을 체험한다. 아이의 발육과 뇌 발달, 이유식, 먹거리 등 신세계를 만난다. 아이를 잘 키우기 위해서 육아서의 도움을 받는다. 아이들을 위한 육아서를 시작으로 그림책, 동화책을 탐독하는 이 과정들은 일반적인 엄마들의 육아다. 아이들을 키우느라 체력은 한계에 부딪히기도 한다. 그렇다고 쉬기만 하면 경기의 승리는 기대할 수조차 없다. 전반전을 잘 뛰었다면 후반전도 더 큰 전략을 세워야 하고, 잘 뛰지 못했다면, 기존의 전략을 수정하며 새로운 전략을 다시 짜야 한다. 지금, 육아하는 엄마는 젊음의 열정이 가득하고 가장 두뇌가 활발한 시기다. 이 시기에 새로운 전략을 짜야 한다. 전반전의 사회 활동과 경험치가 쌓였기에 좀 더 넓고 장기적인 안목으로 인생 후반전을 계획할 능력이 충분하다.

인생에서 가장 총명한 나의 두뇌에게 새로운 길을 향한 '배움과 도전'의 길을 열어준다.

마지막으로는 인생 후반전을 위해 '자신의 질문'에 답하는 시간이다.

인생 전반전은 내가 어떻게 뛰어야 하는지 몰랐다. 코치도 동료도 없었다. 육아하는 동안은 인생 후반을 어떻게 살아야 하는지 사유하기 좋은 시간이다. 전반전의 포지션으로 다시 복귀할 수도 있고, 새로운 후반전을 계획할 수도 있다. 나를 돌보는 시간을 통해 내가 원하는 삶을 끊임없이 고민할 수 있다. 원한다면 코치와 동료를 만나고, 만들 수 있는 시대다. 온라인 강의와 SNS를 활용해서 언제든지 접속하고 나눌 수도 있다. 그렇기에 더 중심을 잡고 나의 내면을 탐색해가는 것이 중요하다. 자기계발서의 성공 노하우를 배워도 자기에게 맞는 방식과 방법을 찾아야 한다. 음식도 차가운 성질의 음식은 몸이 차가운 사람이 먹으면 탈이 나듯이 타인의 삶의 방식이 나와 맞지 않는 것은 당연하다. 자신에게 던지는 질문에 스스로 답을 하며 찾아가야 한다. '나는 어떻게 살고 싶은지.', '내가 왜 그것을 하고 싶은지.' 말이다.

여성의 결혼과 출산은 경력을 단절시킨다고 생각했다. 그러나 그건 편협한 생각이었다. 육아를 통해 '진짜 어른'으로 성장해가는 중이다. 결혼 덕분에 인생의 지혜와 육아 노하우 그로 인해 파생된 독서 교육,

멘토, 코칭, 부모의 역할, 요리 등 나만의 숨겨진 가능성을 발견하게 되었다. 인생 전반전에 해오던 직업에서 벗어나 새로운 나만의 재능과 꿈을 키워나갈 수도 있음을, 뒤늦은 육아를 하면서 알게 되었다.

육아는 하프 타임이다. 후반전을 위해 목표를 새롭게 다지며, 내 인생의 새로운 로드맵을 그려나간다. 그래서 너무도 소중한 시간, 나의 인생을 위해 새로운 전략을 짜야 한다. 다시 오지 않을 오늘이다. 매일의 선택과 기회를 놓치지 말고 '나의 삶'을 위해 주체적으로 나아가야 한다. 히딩크 감독이 후반전에서 빛내주었던 것처럼 진정한 승부는 후반전에서 결정된다는 것을, 지금의 육아는 인생 후반전을 위한 '값진 시간'임을, 다시 오지 않을 '찬란한 오늘'임을 기억하며 이 시간을 꾸려나가면 좋겠다.

8

거울 앞에서 질문을 던지다

『나폴레온 힐 성공의 법칙』을 보면 20년 이상을 헌신해서 수많은 정보를 모아 성공학 원리를 정립했다. 1만 6,000명을 조사하고 분석하는 과정에서 95%는 실패자였고 단지 5%만이 성공한 사람들이었다. 가장 큰 차이점은 첫 번째는 95%가 인생에 명확한 목표를 갖고 있지 않았다는 것이다. 5%만이 자신의 목표를 달성하기 위해 명확한 계획을 세웠다. 여기까지는 모두 예상했을 것이다. 그러나 이번 장에서 이야기하려고 하는 핵심적인 두 번째는 5%만이 자신이 좋아하는 일을 하고 있었던 반면, 95%는 자신이 좋아하지 않은 일을 하고 있었다는 점이다. 목표와 계획 못지않게 자신이 무엇을 좋아하는지를 아는 것이 선행되어야 한다.

'나는 무엇을 좋아하는가?', '내가 정말 하고 싶은 것은 무엇일까?' 내가 즐거이 할 수 있는 '소명의 일'을 찾고 싶었다. '인생 후반전! 어떤 삶을 살고 싶은가?' 어떻게 하면 인생의 의미를 깨닫고 진정한 내 삶을 살 수 있을까?

삶의 의미를 찾고 '가치 있는 삶'을 살고 싶었지만, 어떻게 찾아야 할지 몰랐다. 『의미 있는 삶을 위하여』의 저자 알렉스 룽구는 '가치'를 "의미 있는 삶을 위해 내가 세운 원칙"이라고 말한다. "나는 어디에 기여할 수 있을까? 내 강점을 어디에 사용할 수 있을까? 나는 어떤 부분에서 타인에게 좋은 영향력을 끼칠 수 있을까?"라는 질문을 통해서 한정된 자아에서 벗어나 '삶의 의미'를 찾을 수 있다고 말한다. 이 책을 보며 무릎을 쳤다. 그래, 내가 가진 고유한 강점을 살려서 사회에 이바지하고 '나와 같은 이상을 추구하는 이에게 도움이 되는 삶'을, 그 길을 찾아보리라.

그와 동시에 '소명'이라는 단어가 떠올랐다. 소명이라 하면 종교적 개념이 떠오를 수 있으나, 『내가 이끄는 삶의 힘』에서 "자신만의 의미와 목적을 추구하는 것"으로 정의하며, "자기 일을 소명으로 생각한 사람들일수록 적극적으로 일하고 삶에 자부심을 많이 느낀다. 일의 방향과 방법을 결정할 때 확신을 가지며 자기 삶에 만족하고 정신적으로도 건강하다. 중요한 것은 바로 삶의 의미 meaning in life."라고 볼 수 있다. 소명은 누구나 가질 수 있는 평생의 일과 관련한 개념이라고 말한다. 앞으로 하고 싶은 일에 대해 어떤 태도를 갖춰야 하는지, 더 깊이 생각해보는 계기가 되었다. 나 스스로 당당하게 말할 수 있는 일, '소명'으로 생각될 의미 있는 일을 찾고 싶었다.

지금 주어진 기간 동안, 어떤 일이 나에게 소명으로 다가올지 자아 탐색을 하기로 했다. 우연한 기회에 코칭을 받게 되었는데, 실습 중이라던 그 코치가 던진 질문이었다. "이루고 싶은 꿈이 있으세요? 천천히 생각하고 대답해보세요." 잊고 있었지만, 단번에 떠오르는 꿈이 있었다. "작은 공소(시골 조그마한 성당)를 짓고 싶어요." 어렸을 때 성당은 꽤 멀었다. 걸어서 40여 분이 걸리는 먼 거리다. 오빠를 따라 주일마다 걸었다. 지금은 없어졌지만, 뽕나무밭이 지천이던 길을 가로질러 다녔다. 늦을세라 잰걸음으로 성당에 도착하면 하얀 성모님이 나를 향해 미소 짓는 듯 했다. 안도의 마음으로 커다란 성당 문을 밀고 들어가면, 잔잔한 피아노 선율이 가득한 공간에 색색의 스테인드글라스가 눈부시게 펼쳐져 있었다. 그 공간을 가득 채운 신성한 공기가 어린 나를 들뜨게 했다. 저절로 마음이 평안해졌다. 그래서였을까? 마음 열고 쉴 수 있는 공간을 설계하고 싶었다. 작지만 경건한 공간. 그때의 막연한 꿈이 스멀스멀 올라왔다. '아, 내 안에 그런 꿈이 있었구나.' 질문의 힘을 느끼는 순간이었다. 내가 나에게, 또는 상대방의 질문에 우리는 잊었던 꿈을 찾기 시작한다. 작은 꿈을 기억하게 된 계기가 되었다.

새벽마다 물음을 던지기 시작했다. 어떤 가치를 중요시하는지, 어떻게 살고 싶은지. 질문을 던지며 나의 삶을 되돌아봤다. 나의 본질을 들여다보기 위해 부단히도 애쓴 시간이 있었다. 그러다가 온라인을 통해 비전 멘토링을 받았다. 지금껏 살아온 나의 시간을 되돌아보며, 내가 미처 인식하지 못했지만 추구하는 인생의 가치들을 정립할 수 있었다. '인생의 가치로운 방향을 찾기 위한 여정'『비전의 서』에 제시된 28일 멘토와의 대화를 통해 비전을 찾아가기 시작했다.『나의 비전의 서』의 워크북을 하나하나 채워갔다. 내가 추구하는 삶의 방향성을 알게 된 것만으로도 벅찼던 시간이었다. 책을 통해 받은 수많은 질문 중 도움이 될 만한 질문 3가지를 추려보았다. 다음의 질문을 참고해서 한 가지만이라도 답해보며 각자 추구하는 삶에 대해 생각해보면 좋겠다.

첫 번째, 내가 추구하는 가치, 꿈은 무엇인가?

친정집 거실에 커다란 액자가 걸려 있다. 할아버지가 쓰신 가훈이다. 무려 10가지를 쓰셨다. 이건 할아버지가 추구하신 인생의 가치다. 그 지침을 전하기 위해 거실에 걸어놓으셨고, 손주에게 이어지도록 우리에게 보게 하셨다. 나의 정체성과 중요하게 생각하는 가치를 적어보았다. 이런 과정을 통해 내가 드러나고 삶의 방향을 찾게 된다. 이 글을 쓰는 지금 중요하게 생각하는 인생의 가치는 '읽고, 쓰고, 나누는 삶'이다. 이 가치에 맞게 살아가고 있는지 점검을 해볼 수 있다.

두 번째는 주변에서 추천하거나 본인이 하고 싶은 일은 무엇인가?

금세 떠오르는 일이 있다면 좋겠지만, 그렇지 않아도 괜찮다. 어렸을 때부터 지금까지 살아오면서 소소한 것일지라도 하고 싶은 일을 기록해본다. 주변에서 잘한다고 추천했거나, 자신이 하고 싶은 일들을 하나하나 알아가는 시간은 의미있는 일이다. 이런 시간을 통해 내가 미처 알아차리지 못한 내 안의 욕구를 볼 수 있었다. 오랜 시간을 들여 차분히 생각해보았다. 어린 시절부터 지금까지 3년, 5년 단위로 쪼개거나, 학창 시절, 사회생활 그리고 결혼 후로 나누었다. 작은 것일지라도 내가 이루었거나 성취한 경험을 적어본다. 그 작은 성취를 통해 내 마음속에서 바라는 것이 무엇이었는지를 차분히 생각해보는 시간을 갖는다. 곧 내가 원하는 삶의 방향을 깨닫게 될 것이다. 내가 그랬던 것처럼.

세 번째 질문은, 삶을 대변하는 책이나 영화는 무엇인가?

자신의 삶을 대변하는 책이나 영화를 통해, 자신이 추구하는 내적인 성찰을 할 수 있다. 의식하지 못했을지라도 자신이 추구하는 삶이 무엇인지 책이나, 영상을 통해 영감 받거나 접점을 이루는 것들이 있을 것이다.

내가 추구하는 삶을 대변하는 책이 여러 권 있다. 그중 한 권을 소개한다. 프랑스의 작가 장 지오노가 1953년에 발표한 『나무를 심은 사람』이다. 프로방스의 알프스 끝자락에 있던 황량한 계곡에서 양치기 노인이 반백 년 동안 묵묵히 나무를 심어, 결국에는 풍요로운 숲으로 변모했다는 이야기다. 과연 가능한 일일까? 이게 바로 삶의 의미를 제대로 실천하는 '소명의 삶'이라고 생각한다. 이와 비슷한 사람, 시스티나 성당 천장화를 그리던 미켈란젤로다. 그는 완벽을 위해 처절히 노력했다. 안구가 위로 고정되고 어깨가 뒤틀릴 정도로 몰입하고 있는 모습을 본 그의 친구는 "잘 보이지도 않는 천장 구석까지 공을 들일 필요가 있냐?"고 걱정스레 묻자, "내가 안다.(I know. I've been there.)"라고 답했던 유명한 일화처럼 타인의 시선이 아니라, 내가 나에게 진솔한 삶이어야 함을 대변하고 있다.

인생의 방향을 찾아가며 내 나름의 '비저너리 원칙'을 세우게 되었다.

첫째는 나에게 진솔한 삶을 살자는 것이고, 둘째는 지금 이 순간 최선을 다하자는 것, 그리고 마지막으로 혼자만의 시간, 성찰하는 내 삶의 주인으로 꾸준히 나아가는 것이다.

아이들을 키우며 당면한 일들에 묻혀 살았다. 인생의 진정한 의미를 찾기 위해 내면의 나와 대화하는 시간이 필요했다. 표면적인 거울이나 내면에 새겨둔 자기 모습은, 자신을 돌보고 변화할 기회를 준다. 남에 견주어 부족할지언정 섣불리 재단하지 않는다. '내가 왜 그것을 하고 싶은지.', '왜 그것을 원하는지.', '왜 그 길을 가고자 하는지…' 나의 질문에 대답이 명확해지면, 타인을 따라 하느라 허송세월 보내지 않게 된다. 그저 나의 길을 걸어갈 뿐이다. 진정 소명으로 다가오는 일이 있는지. 손정의 회장은 99%의 사람들이 자신의 인생을 무엇에 걸 것인가를 결정하지 않고 살아간다고 한다. 무엇을 할지 모르고, 목적지를 정하지 않고 살면서 행운을 바라고 있는 건 아닌지 자문해 본다.

인생의 가치를 찾는 것은 나를 알아가는 기본이 됩니다. 질문에 답하기 전에 하단의 가치 목록을 먼저 훑어보며 가치 단어의 정의를 살펴봐도 좋습니다.

다음은 가치 탐색을 하며 자신에게 던질 수 있는 질문입니다.

당신의 삶에서 가장 중요하게 생각하는 것은 무엇인가요?

당신의 삶이 1년 또는 3년 후, 어떤 모습으로 바뀌길 원하시나요?

당신이 고집하는 삶의 원칙은 어떤 것인가요?

당신의 삶에서 가장 중요한 가치는 어떤 것일까요?

- -

- -

- -

- -

당신의 삶 속에서 가치가 어떻게 표현되고 있나요?

- -

- -

- -

- -

위 질문의 목적은 개인의 중요한 가치들이 마음속에 자리 잡고 있는지, 삶의 원리로 작용하고 있는지, 스스로 알아가는 과정입니다.

다음은 가치와 그 의미를 통해 내가 추구하는 가치를 탐색해 볼 수 있습니다. 가치 단어를 체크해가며 중요하게 생각하는 가치 다섯 개를 찾아보세요. 표에 없다면 내가 추구하는 가치를 적도록 합니다.

1. 정확성(accuracy): 견해와 신념에서의 정확성에 중점을 둠

2. 성취(achievement): 중요한 업적이나 성과를 거둠

3. 예술(art): 예술을 통해 자신을 표현하거나 감상함

4. 매력(attractiveness): 육체적인 매력이 있음

5. 자율성(autonomy): 스스로 결정하고 독립적인 존재가 됨

6. 돌봄(caring): 타인을 돌보고 보살핌

7. 도전(challenge): 어려운 과제와 문제에 승부를 걺

8. 편안함(comfort): 편안하고 기분 좋은 삶을 영위함

9. 전념(commitment): 지속적으로 몰두하고 헌신적인 노력을 함

10. 연민(compassion): 타인에게 관심 어린 마음을 갖고 행동함

11. 공헌(contribution): 세상에 지속적으로 기여하고 이바지함

12. 협력(cooperation): 타인과 협동하여 작업함

13. 창의성(creativity): 새로운 사물이나 생각을 창조함

14. 호기심(curiosity): 모르는 것을 알고 싶어 하고 경험하고 배우고자 함

15. 성실(diligence): 어떤 일이든 공들이고 주도면밀한 태도로 임함

16. 생태(ecology): 자연환경과 더불어 조화롭게 삶

17. 충실(faithfulness): 관계에서 충실하고 진실됨

18. 명성(fame): 유명하고 타인에게 잘 알려짐

19. 가정(family): 행복하고 사랑이 넘치는 가족을 이룸

20. 유연성(flexibility): 새로운 환경에 쉽게 적응함

21. 우정(friendship): 친밀하고 지지해주는 친구 관계를 맺음

22. 재미(fun): 재미있게 놀고 즐김

23. 진실성(genuineness): 자신에게 진실된 방식으로 행동함

24. 신의 뜻(God's will): 신의 뜻을 구하고 순종함

25. 감사(gratitude): 감사하고 고마워함

26. 성장(growth): 계속 변화하고 성장함

27. 건강(health): 육체적으로 탈이 없으며 건강을 유지함

28. 정직(honesty): 정직하고 참됨

29. 독립성(independence): 타인에게 의존하는 것에서 벗어남

30. 내적 평안(inner peace): 개인 내적인 평화를 경험함

31. 총명함(intelligence): 기민하고 적극적인 정신 상태를 유지함

32. 지식(knowledge): 가치 있는 지식을 배우고 일조함

33. 리더십(leadership): 지도자로서 사람들을 이끌고 고무함

34. 사랑을 받음(loved): 친밀한 사람으로부터 사랑을 받음

35. 사랑을 함(loving): 타인에게 사랑을 줌

36. 마음챙김(mindfulness): 지금 이 순간에 주의를 기울여 의
식하며 삶

37. 중용(moderation): 극단을 피하고 절충안을 찾음

38. 정돈됨(order): 잘 정돈되고 조직된 삶을 삶

39. 열정(passion): 생각이나 활동, 사람에 대해 강하고 깊은 감
정을 가짐

40. 책임감(responsibility): 책임 있게 결정하고 행함

41. 자기수용(self-acceptance): 있는 그대로의 나 자신을 스스
로 받아들임

42. 자기통제(self-control): 자신의 행동에 대해 스스로 정해
놓은 규율을 따름

43. 자존감(self-esteem): 스스로 만족스럽게 느낌

44. 자기이해(self-knowledge): 자신에 대해 정직하고 깊이 있
게 이해함

45. 봉사(service): 타인에게 도움이 되고 유익을 줌

46. 단순함(simplicity): 최소한의 필요로 단순한 삶을 삶

47. 고독(solitude): 타인에게 떨어져 있을 수 있는 자신만의 시
간과 공간을 가짐

48. 영성(spirituality): 영적으로 성장하고 성숙함

49. 안정성(stability): 변함없는 삶을 유지함

50. 부(wealth): 많은 돈을 가짐

내가 찾은 가치:

- -

- -

이 탐색 과정은 가치 있게 생각하고 있는 것과 실생활의 차이점을 되돌아볼 수 있도록 해줍니다. 지각된 가치와 행동의 불일치는 그 자체로 행동의 변화를 요구합니다.

※위 내용은 『동기강화상담』 p84~93를 참고하여 응용한 질문과 가치 단어입니다.

제3장

──────────────

엄마가 바람났다

- 자유롭지만 흔들리지 않고 나아가기 -

1

인생의 즐거움은 아는 만큼 보인다

그림책 『가시 소년』의 책 표지는 고슴도치처럼 가시를 뒤집어쓴 소년이 작은 가시를 쏘아대는 모습이다. 첫 문장은 "나는 가시투성이야." 라는 자기방어로 시작한다. 자신의 감정을 올바르게 표현하지 못하는 가시 소년은 머리부터 뾰족해진 가시를 세우고 친구들에게 소리친다. 관심을 받고 싶고 함께 어울리고 싶은데 어떻게 표현해야 좋을지 몰라 거칠게 행동하는 것이다.

첫 아이가 초등학교에 들어갔을 때다. 마침 초등학교에서 독서 토론 학부모 연수가 있었다. 그때 인연을 맺은 김현경 선생님 덕분에 독서 토론에 이어 그림책 지도사 양성 과정을 수강하게 되었다. 그림책이야 워낙 좋아하기도 했고, 배경지식을 쌓으려는 생각에 쌍둥이들을 어린이집에 잠시 맡겼다.

하루는 그림책 수업에 조그만 캔버스 액자를 나눠주셨다. 5년이 지난 지금도 그 액자는 거실 책장에 올려져 있다.

『내가 함께 있을게』는 2006년 '어린이책의 노벨상'이라 불리는 안데르센 상을 받은 볼프 에를브루흐의 작품이다. 2007년 볼로냐 국제 아동도서전 선정 최고의 일러스트레이터가 글과 그림을 그렸다. 표지가 참 인상적이다. 기다란 목을 들어 하늘을 물끄러미 바라보고 있는 오리 한 마리가 표지를 차지하고 있다. 왜 하늘을 올려다보고 있을까? 위에 무엇이 있는 건가? 이 책의 주제는 어린이들에게 쉽지 않은 주제 '죽음'을 다룬 책이다. '죽음'이란 소재를 솔직하고 담담하게 표현한 그림책이다. 등장인물은 '오리'와 '죽음'이다. 어느 날, 오리는 죽음을 만나고 깜짝 놀란다. 하지만, 함께 시간을 보내며 마지막을 준비하기 시작한다. 죽음은 오리와 함께 연못에서 익숙하지도 않은 자맥질을 해주고, 연못이 외롭지 않을까 걱정하는 오리를 위로한다. 그렇게 오리가 떠날 때까지 죽음은 오리의 마지막 삶을 지켜준다. 잔잔한 여운이 남은 책이었다.

그림책 독후 활동으로, 돌아가신 분에게 마음을 표현해보라고 하셨다. 한참을 망설이다가 준비해주신 캔버스 액자 위에 보라색 털실을 붙였다. 큰 하트 모양을 털실로 표현하며 점점 작은 하트로 이어지고 마지막엔 액자를 벗어나는 털실로 표현했다. 그리고 다른 누구도 아닌, 나를 애도했다.

'오리처럼 떠날 때가 된 것을 안다면 나에게 어떤 말을 할 수 있을까?'

'그동안 후회하지 않고 잘 살았다고 이야기할 수 있을까?'

미소가 예쁜 할머니가 되어 지난 세월을 돌아보며 이렇게 말할 수 있었으면 좋겠다. 나를 사랑하며 소중한 시간으로 충만한 삶을 살아낸 나에게 '수고했다. 행복했고, 잘 살았다.'라고 말할 수 있기를.

그림책 수업은 계속되었다. 대표 작가인 모리스 센닥, 앤서니 브라운, 에즈라 잭 키츠을 비롯한 콜더컷상, 뉴베리상 등의 작품들을 탐독했다. 아는 만큼 보이는 그림책 해석 방법, 감정 분석, 숨어 있는 숫자와 색이 주는 의미를 알게 되었다. 신선한 배움의 시간은 삶의 활력을 주기에 충분했다. 집에 돌아와선 어김없이 아이들과 그림책을 가지고 놀았다. 아이들은 작은 그림도 놓치지 않고 눈을 반짝거렸고, 그림을 매개로 이야기를 나누었다. 수채화, 유화, 색연필 등 다양하게 표현된 그림은 책의 의미를 풍성하게 해주었다. 한땀 한땀 마음 다해 그렸을 그림책들은 그 자체로 예술작품이다. 아직도 저녁 잠자리 동화로 그림책을 선호하는 이유 중 하나다.

질문 수업인 하브루타를 수강했다. 하브루타는 친구를 의미하는 히브리어인 하베르에서 유래한 용어다. 학생들끼리 짝을 이루어 서로 질문을 주고받으며 논쟁하는 유대인의 전통적인 토론 교육 방법이다. 큰아이는 초등 2학년, 쌍둥이는 갓 유치원에 다니게 되었다. 아이들을 학교와 유치원에 보내고 집을 나섰다. 자차로 40분 이상의 거리였지만 배우는 자체가 즐거움이었다. 유대인 문화를 공부하고, 독서 하브루타를 했다. 책에서 질문을 뽑아 짝과 토론하고 자유롭게 발표하는 수업이 이어졌다. 수업받는 인원은 대략 스무 명이 넘지 않았다. 2인용 책상은 칠판을 향해 'ㄷ자'로 배치해 대면할 수 있게 했다. 그날도 정해진 도서를 읽고 질문하고, 토론하는 시간이었다. 매주 만났으나, 통성명뿐 서로 알지 못했다. 정해진 도서를 읽고 질문과 답변이 오고 갔다. 한 분은 어려운 개인 사정을 토로하며 눈시울을 붉혔다. 마음을 열고 노곤한 일상으로 풀어가는 분도 있었다. 한 엄마는 독서 교육으로 자녀를 양육했던 경험을 나누기도 했다. 책을 읽고 파생된 질문이 삶으로 확장되었다. 서로의 상황을 알게 되니 어색했던 분들이 편안하게 다가왔다. 질문하고 생각을 나누며 잊고 있었던 자신을 돌보기도 한다. 우리 엄마들도 『가시 소년』과 닮았다. 많은 시간 감정을 억누르다 가시 돋친 말을 쏟아내기도 한다. 관심받고 사랑받고 싶다는 자기방어다.

물음을 던지고 생각을 공유했다. 서로 공감하고 위로받으며 지난 상처를 치유하기도 했다. 이는 읽고 나누는 과정, 주고받는 질문을 통해 물음표가 느낌표로 정리되는 시간이다.

독서 토론, 그림책, 하브루타, 인문 고전 지도자 과정을 마쳤다. 활용 방안을 고민하던 중 독서 토론 실습을 마치고, 선생님들과 수업을 나가게 되었다. 긴장감의 연속이었으나 배움을 활용한 도전은 '새로운 길'을 걷는 기회가 되었다. 나를 바라보던 초롱초롱한 눈망울을 잊을 수가 없다. 고사리손으로 글을 쓰는 모습, 질문하는 모습, 곁에서 종알거리는 아이, 하나하나와 눈을 마주하며 조금씩 알아간다. 배움과 나눔의 값진 경험들이 쌓여갔다.

우리가 흔히 말하는 "아는 만큼 보인다" 즉, "알아야 참으로 보게 된다"라는 뜻으로 한문으로는 "지즉위진간 (知則爲眞看)"이라는 말이 있다. 이는 유홍준 교수의 『나의 문화유산답사기』에서 문화유산을 보는 자세에 대하여 말한 것이다. 본문은 "지즉위진애 애즉위진간 간즉축지 이비도축야(知則爲眞愛 愛則爲眞看 看則畜之而非徒畜也)"로 "알면 곧 참으로 사랑하게 되고, 사랑하면 참으로 보게 되고, 볼 줄 알게 되면 모으게 되니 그것은 한갓 모으는 것은 아니다"라는 의미에서 따온 것이다. 사람이든 책이든 문화유산이든 알게 되면 사랑의 마음이 생기고 사랑하면 더 많은 것이 보이게 된다.

마음을 열고 찬찬히 들여다본다. 서두르면 볼 수가 없고, 봐도 보이지 않는다. 극변하는 지금, 우리에게 필요한 것이 아닐까. 새로운 시선으로 아는 만큼 보이는 즐거움, 배우는 즐거움, 함께 나누는 즐거움을 통해 그 너머를 볼 수 있는 지혜를 키워간다. 오래 들여다볼수록 사랑스러운 풀꽃처럼.

2

엄마, 아티스트와 사랑에 빠지다

캔디 창 프로젝트라고 들어봤나? 아티스트 캔디 창은 2011년에 동네 빈집의 담벼락에 자신의 버킷 리스트(Bucket List), 죽기 전에 해보고 싶은 것을 적는 프로젝트 '죽기 전에 나는(Before I die)'을 선보였다. 이 프로젝트는 캔디 창이 어머니를 잃고, 죽음에 대해 생각하며 만든 공공예술 프로젝트다. 담벼락에 칠판 구조물을 설치하여, 죽기 전에 나는 무엇을 하고 싶은지 묻고 있다. 시민들이 직접 참가해서 잊고 있었던 자신의 꿈과 희망을 분필로 썼다. 다짐도 하고, 잊었던 꿈도 되살리며 서로 교류할 수 있도록 했다. 목록 중에는 일상에서 지금 바로 할 수 있는 일들이 많았다. '나 자신을 사랑하겠다.', '매일 감사하겠다.',

'프랑스어를 배우겠다.', '진실한 사랑을 하겠다.' 등.

서울에서 경기도로 이사를 선택했다. 당시 유치원을 다니던 차니의 친구 엄마는 사대문을 벗어나면 교육에 차질이 생긴다며 극구 말렸으나, 교육보다 더 중요한 게 있었다. 그건 아이들의 건강이었다. 공기도 좋고, 가족의 결속력을 높일 수 있도록 아빠 직장 근처로 옮기기로 했다. 본디 내 직장을 위해 신혼집을 서울에 마련한 것이었으나, 퇴사한 지금은 굳이 서울에 있을 연유가 없었다. 우리는 서울을 벗어났다. 그런데, 큰아이가 초등학교 들어갈 즈음 불편함이 느껴지기 시작했다. 차니가 역사를 좋아해서 자주 데려갔던 국립 중앙박물관도, 거북선이 있던 전쟁기념관도, 공룡이 있던 서대문 역사박물관도 거리가 멀어지니 소원하게 되었다.

결혼 전엔 기회만 되면 전시회를 찾아 미술관에 갔다. 바쁜 직장생활과 결혼 그리고 아이들을 낳고 보니 나의 취미가 무엇이었는지 까맣게 잊고 살았다. 온종일 아이들을 돌보며 나의 욕구는 충족되지 못했다.

그러다 우연히 '르 코르뷔지에 전시회' 소식을 접하게 됐다. 서울의 한가람미술관이다. 아! 이건 꼭 봐야겠다는 일념으로 주말을 손꼽아 기다렸다. 차마 아이 셋을 맡기고 가기가 미안해서 큰아이를 데리고 버스에 몸을 실었다. 얼마만의 외출인가? 언제나 빨간 쌍둥이 유모차를 힘껏 밀고 다녔는데, 두 손이 자유로웠다. 나도 모르게 콧노래가 나왔다. 데이트 초기 연인을 만나러 가는 기분이다.

육아하느라 잠시 잊고 지냈던 건축이다. 건축 입문의 스승이자 건축계의 거장 르 코르뷔지에. 그는 과거 조적식 건축에서 콘크리트를 도입한 현대 건축의 아버지라 불린다. 건축을 전공했거나 그렇지 않더라도 워낙 유명한 거장이기에 부가 설명은 이쯤에서 생략하겠다. 그런 거장의 작품을 직접 볼 수 있다니, 그 사실만으로도 설렜다. 떨리는 가슴을 진정시켜가며 전시관에 들어섰다. 그의 그림이 걸려 있다. 손길이 느껴지는 회화 앞에서 한참을 머물렀다. 그의 그림은 피카소의 영향을 받았고, 예술인으로 불리기를 원했던 만큼 훌륭하고 매력적이었다.

옆 전시관으로 향했다. 모형과 스케치가 테이블 위와 벽에 그득했다. 오래되어 색이 바래고 구겨진 트레싱지 위의 낙서하듯 그려진 스케치는 그의 열정과 고뇌가 고스란히 느껴졌다. 많은 작품을 지나 드디어, 롱샹 성당을 찾았다. 프랑스 동부의 벨포트(Belfort) 북서쪽에 위치한 롱샹 성당의 정식 명칭은 '노트르담 듀오 성당(the chapel of Notre Dame du Haut in Ronchamp)'이다. 나무에 옥을 칠한 듯 반짝이는 갈색 모형이 투명한 유리 상자 안에 담겨 있었다. 어두운 주변과 대조를 이루듯 밝은 할로겐 조명이 비추었다. 기존 사진 덕분에 익숙하기까지 했다. 신비한 빛이 쏟아지던 성당 내부가 떠올랐다. 창의 다양한 크기와 형태로 빛이 성스럽게 채워졌던 그 공간을 지금 내 앞에 모형으로 만났다. 가슴이 벅찼다. 마치 그 공간에 가 있는 듯 마음이 충만했다. 들뜬 마음을 다잡고 사진을 찍었다. 평소와 달리 종알거리는 나와 모형을 번갈아 바라보던 아들은 "엄마, 이 성당 멋있어요. 직접 가 보고 싶어요."라며 눈을 반짝인다. 아들도 멋지다니 내가 다 만족스러웠다.

아쉬움을 달래며 전시의 핵심인 그의 '사유의 글'을 가슴에 새겼다.

"삶 자체가 하나의 건축이다. 모든 것은 결국 사라지고 만다. 전해지는 것은 사유(思惟)뿐이다." 그의 사유로 인해 우리는 '넓고 화려하게 사는 집'에서 '많은 사람이 효율적으로 사는 집'으로 건축의 개념을 뒤흔든 아파트에 살고 있다.

동선의 마지막 전시장, 남프랑스 지중해에서 인생 후반을 보냈던 그의 4평짜리 오두막집이 실제 사이즈로 제작 전시되어 있었다. 아늑한 집 창문 밖으로 반짝이는 지중해가 펼쳐졌을 것이다. 바닷가 해변의 작은 언덕위 오두막집은 아내와 둘이 생활하기에 전혀 불편함이 없어 보였다. 이 작은 오두막집은 인체에 기초하여 가장 이상적인 '셀(Cell)의 원형'을 제안한 것이다. 그가 왕성한 활동을 하며 15년 넘게 살았던 그 오두막집. 건축에 혁신을 일으켰던 그가 우리에게 제시하고 있는 것은 무엇일까? 우리에게 필요한 공간은? 4평. 그 공간에서 누구보다 행복한 삶을 살았을 그다.

아주 어렸을 때, 친정 엄마를 따라 화실에 갔다. 탁자 위에는 군청색 천이 깔려 있고 듬성듬성 벼루가 놓여 있었다. 엄마는 익숙한 듯 자리에 앉으셨다. 어린 나는 엄마 옆에 꼭 붙어 앉았다. 벼루에 연적을 천천히 기울여 물을 부으셨다. 가방에서 먹을 꺼내 둥그런 원을 그리며 가셨다. 하얀 털이 수북한 붓끝으로 검정 먹물을 적셔서 한지 끝에 묻히셨다. 까만 점이 생겼다. 깨끗한 한지를 펴서 한자(漢字)를 쓰셨다. 옆자리에 앉아 손에 든 과자를 집어 먹으며 엄마를 올려다봤다. 왼손으로 한지를 누르며 획을 하나하나 정성껏 쓰시던 모습이 지금도 생생하다. 따스했고, 평온했고, 행복해 보였다. 비록 자식들 키울 때는 붓을 놓으셨지만, 언니들이 하나둘 집을 떠나자 다시 붓을 드셨다. 여든이 다 되신 지금도 엄마만의 화실에서 난을 치고 글을 쓰신다. 엄마의 모습에서 아름다운 할머니 타샤 투더가 연상된다. 아니, 더 아름답다. 순탄한 인생이 어디 있으랴! 아무 걱정 없이 '몰입해 있는 순간' 엄마는 행복하다고 하셨다.

누구나 가슴속에 묻어둔 것들이 있다. '아이들 다 키우고 해야지.', '아이들이 좀 더 크면 할 거야.'라고 미뤄둔 게 있다. 아이들과 함께하고 싶은 것 못지않게 혼자서 하고 싶고, 해야 할 것들이 있다. 아이들이 어릴 때는 엄마의 시간을 마련하는 게 좀처럼 쉽지 않다. 그래도 한

달에 한 번, 날짜를 미리 정해놓고 나만의 시간을 보낸다. 남편에게 아이들을 맡기고 자유롭게 시간을 보낸 날, 몸은 피곤해도 마음에는 생기가 돌았다. 고작 반나절 떨어져 있었는데 아이들이 더 사랑스럽게 다가왔다. 요즘엔 온라인으로 작품이나 강의를 들을 수 있는 플랫폼도 많아졌다. 노트북을 들고 카페에 가서 들어봐도 좋다. 홀로 전시회 데이트를 다녀오거나 혼자만의 시간을 즐기면 더 좋다.

아티스트와 사랑에 빠졌던 순간은 가슴 벅참과 설렘으로 도파민이 가득해진다. 설렘으로 충만한 시간을 종종 계획해본다. 나만이 느끼는 행복한 시간이다. 캔디 창의 프로젝트, 붓글씨 몰입의 본질은 행복이다. 시간 가는 줄 모르게 빠져드는 일을 찾아본다. 그 일은 나만의 시간을 허락해야 찾을 수 있고, 해봐야 느낄 수 있다. 동경하는 타샤 튜더처럼 나무와 꽃이 가득한 정원에서 그림을 그리며 동화를 쓸 수도 있다. 서투른 요리를 하고, 미뤄두었던 음악회도 가 보고, 해보고 싶었던 글도 써본다. 늘 바깥에서 찾던 관심을 내 안의 나에게 물어본다. 내가 원하는 것들로 오늘을 채워갈 수 있다.

3

불확실의 시대, 무엇을 해야 할까?

"뉴노멀 시대, 어른들의 진짜 공부가 시작되어야 한다. 가짜 공부하지 말고 진짜 공부하라!"『프로페셔널 스튜던트』에서 평생 공부를 강조하며 던진 화두다. 진짜 공부는 어떤 공부일까? 산업화, 기계화, 로봇과 인공지능, 자동화 시대로 급변하고 있다. 코로나로 인해 화상 회의며 학교도 원격 수업을 하게 되었고, 카페 커피도 로봇이 제공해주는 시대다.

포스트 코로나 시대 나는 어떤 공부를 해야 할까? 우리는 대학 졸업장을 가지고 취업했고 그것으로 평생 먹고 살 수 있었다. 물론, 전공과 다른 일을 하더라도 말이다. 우리 자녀들에게 필요한 공부는 무엇일까? 현 4차 산업에서 5차 산업이 도래하면서 아이들은 우리가 생각하지 못한 시대에 살고, 살게 될 것이다.

지금, 가장 중요한 것이 무엇일까? 코로나 여파로 아이들과 집에 있으면서 마음이 뒤숭숭했다. 세상이 어떤 방향으로 가고 있는지 알아야 했다. 인터넷을 통해 교육 정보를 들으면 마음만 더 조급해졌다. 하루가 다르게 쏟아지는 정보 속에서 중심을 잡기가 힘들었다. 정규 교육이 제대로 이루어지지 않은 상황에서 학습의 손실이 오지 않을까 걱정이 되기도 했다.

외출도 자유롭지 않았기에 어제가 오늘 같은 반복되는 일상이었다. 세상은 변해가는데 서서히 달궈지는 냄비 속 개구리처럼 뜨거워지는 물속에서 어찌해야 할지 몰랐다. 박차고 뛰어나올 용기가 필요했다. 용기를 심어줄 근간이 필요했다. 어디서 찾아야 할까.

꿈이 있었다. 고등학교 1학년 때 1박 2일 예절 교육 연수가 있었다. 한복을 입고 생활 예절을 배우고, 커다란 강당에 모여 10년 단위 인생 계획을 세웠다. 잔뜩 기대에 부풀어 '30대까지는 공부하고, 40대~50대 견문을 넓히고 60대 책을 쓰고 싶다.'라고 의기양양하게 발표했던 기억이 난다. 책은 무슨 책, 막연한 꿈이었다. 죽기 전에 이루고 싶은 꿈, 말 그대로 꿈이었다.

언제가 이루고 싶은 꿈을 위해, 변화하는 시대에 중심을 잡기 위해 '진짜 공부'를 해야 했다. 용기의 근원을 책에서 찾아야 할까. 오전 시간은 책을 읽으며 보냈다. 아이들에게 보내던 시선과 초점을 나에게로 돌렸다. 아이들에게 공부하라고 말하기 전에 내가 테이블에 앉아서 책을 읽었다. 아이들에게 꿈이 뭐냐고 묻기 전에 나에게 물었다. '나는 원하는 삶을 살고 있는가?' '나는 아이들에게 어떤 모습일까?' 하루가 다르게 성장하는 아이들을 보며, 나도 성장해야 했다. 절실한 건 나의 삶을 위한 지혜였고, 아이를 위한 현명한 멘토 역할이었다. 오로지 '독서' 밖에 떠오르는 게 없었다.

투자의 대가 워런 버핏이 "독서를 이기는 건 없다."라고 모교 후배들에게 조언했다. 2020년 12월 19일 비즈니스인사이더에 따르면 이날 버핏은 자신이 학사 학위를 받은 네브래스카대학교 링컨 캠퍼스의 졸업식에서 읽기의 중요성을 강조했다. 워런 버핏은 부자가 되고 싶어 11살 때부터 동네 도서관에서 책을 읽기 시작했다고 한다. 90세가 넘은 지금도 매일 500페이지씩 읽는다고 한다. 많은 사람은 버핏에게 투자의 조언을 듣기 위해 어마어마한 돈을 내고 그와 식사하기를 원한다. 그런 버핏은 후배들에게 이렇게 조언했다. "사람들은 때론 내게 '살아 있거나 죽은 인물과 점심을 함께 할 수 있다면 누구를 고르겠느냐'고 묻는다."라며 "사실은 독서를 통해서 벤저민 프랭클린 또는 역사 속 모든 위대한 인물과 점심을 함께 할 수 있다."라고 말했다. 버핏의 말처럼 독서야말로 위대한 스승을 만날 수 있는 최고의 시간이다. 버핏이 만나고 싶어 했던 벤저민 프랭클린은 정규 학교를 2년도 채 못 다녔지만, 훌륭한 철학가로 토머스 제퍼슨 등과 함께 미국 독립선언서를 작성했다. 그 비결 또한 '독서'에 있었다.

빌 게이츠는 "인간에게는 한계가 있지만, 그 한계를 뛰어넘는 것은 독서고 탁월한 삶을 꿈꾼다면 독서하라."라고 말했다. 대가들의 지혜를 얻기에 갈급했던 나는 독서 루틴을 정했다. 최소한 그 시간 만큼은 독서하려고 노력했다. 주로 긍정의 마인드를 넣어주는 자기계발서와 삶의 지혜를 얻을 수 있는 인문서를 탐독했다. 급변하는 세상에 중심을 잡고, 나다운 삶을 살길 바라는 마음으로 시작한 독서다.

꾸준한 독서를 위해 독서 장치를 만들었다. 다음은 3가지 방법이다.

첫 번째, 함께 읽었다. 독서하려고 마음먹었으나, 책 한 권 읽는 데 시간이 제법 걸렸다. 독서를 위한 환경 설정을 했다. 온라인 독서 모임에 가입해서 함께 읽었다. 함께하는 사람들을 통해 독서 자극도 받고 나눔을 통해 위안도 받았다. 온라인 독서 모임도 종류가 다양하기에 나에게 맞는 모임을 찾아볼 수 있다. 분야별 인문, 경제, 자기계발 등 추구하는 가치에 맞는 모임을 선별해서 함께 읽는 방법이다.

두 번째는 루틴을 정해서 읽고 있다. 새벽에는 무조건 책을 읽었다. 코로나로 온종일 아이 셋과 함께 지내니 낮에는 집중하기 힘들었다. 기상 시간을 앞당겨가며 책 읽는 시간을 확보했다. 오후 4시엔 독서 시간을 만들어서 아이들 책을 읽어주며, 내 책을 10분이라도 읽었다. 주로 고요한 아침 시간이 몰입도가 좋았다. 독서를 우선으로 안배했다.

책을 읽으며 낙서도 하고 떠오르는 단상을 적었다. 그전엔 그렇지 않다. 독서에 대한 강한 의지와 꿈이 생기자 선명하게 공명하는 부분이 많아졌다. 치열하게 구하고 읽었다. 교양을 위한 독서가 아니라, 옛 선인들처럼 읽고 사색하며 깨달음을 얻기 위해 진짜 독서가 필요한 시대다. 다양한 책들을 읽으며 가슴 벅차기도 하고, 눈물을 흘리기도 했다. 책은 많은 영감을 주는 나의 스승이다.

세 번째 방법은 주변에 책을 둔다. 유아 시기, 아이들의 흥미를 유발하기 위해서 책을 펼쳐놓았다. 그러면 어김없이 책을 들고 읽어 달라고 했다. 나도 같았다. 안방, 거실, 주방 식탁 옆에 작은 책장을 놓았다. 나의 동선에 맞게 책을 갖다 놓고 언제든 틈새 시간에 책을 읽었다. 어느 책에선가 안철수 교수는 엘리베이터 기다리는 시간도 아까워 책을 읽는다고 한다. 이 글을 접한 후, 외출할 땐 읽기 편한 얇은 책을 넣고 다녔다. 물론 그전에도 책은 항상 가방에 있었지만, 꺼내보기 부자연스러울 때가 많았다. 그러나 이젠 외부 시선에 구애받지 않고 적극적인 독서를 한다. 최근에는 코로나 예방 접종 후 15분 병원 대기를 하면서도 짜투리 시간을 알차게 보냈다.

독서, 내가 좋아하는 책들을 읽었다. 인문서, 자기계발서, 부모 도서를 포함해서 소설, 심리학 등 관심 분야를 넓혀가고 있다. 독서는 일상에 지쳐 있을 때 신선한 자극이 되었다. 답답하고 힘들 때도 책을 통해 영감을 얻게 되었다. 과거 현인들이 지혜를 빌려 성찰하기도 하고, 꿈을 향해 나아가는 내용을 통해 나의 꿈을 그려보기도 했다. 성공한 많은 사람은 책과 함께 꿈을 이루었다.

독서에 관해 이지성 작가는 『생각하는 인문학』에서 독서를 통해 인류 최고의 천재들과 정신적 교류를 시작한다면 우리의 삶은 완벽하게 달라질 것이라 단언했다. "몸과 마음이 온통 평범한 것에 둘러싸여 있다면 평범한 존재밖에 될 수 없다. 그러나 반대로 늘 위대한 것과 만난다면 우리는 특별한 존재가 된다." 어른들의 진짜 공부, 독서를 통해 위대한 선인들을 만난다면 우리의 삶은 변화가 시작될 것이다. 변화와 영감을 얻는 가장 효과적인 방법이기에, 온 힘을 다해 진짜 공부 '독서'를 해야 하는 이유다.

아이들이 쑥쑥 커가는 건 기쁜 일이지만, 그만큼 엄마는 나이가 들어간다. 사회 활동을 하지 않으면 심리적으로 위축되기도 한다. 나도 모르게 나에게 소원하게 될 때, 바로 그때 나를 돌봐야 할 때다. 처지는 피부와 뱃살 관리뿐 아니라, 내 안의 가능성을 북돋워주고, 변화하는 삶을 위해 멘토가 절실한 시대다. 독서를 통해 가능하다. 세계적인 동기부여가 찰스 존스는 다음과 같이 말했다. "지금부터 5년 후의 내 모습은 2가지에 의해 결정된다. 지금 읽고 있는 책과 요즘 시간을 함께 보내는 사람들이 누구인가 하는 것이다." 당신은 지금 어떤 책을 읽고 있는가? 당신은 지금 어떤 사람들을 만나고 있는가? 주변을 둘러보자. 위대한 것들이 존재하는가? 어떠한 존재로 어떻게 살고 싶은지, 독서를 통한 정신적 교류로 단단한 내면을 만들어간다. 내가 선택한 위대한 멘토를 곁에 두고 배움의 깊이를 더해간다.

4

은밀한 새벽, 책 속의 '너'를 만난다

"뇌를 최대한 활용하려면 밤보다 새벽이 효율적이다. 자는 사이에 전날 처리되지 않은 기억이 정리되어 새벽에는 뇌가 깨끗한 상태가 된다." 『뇌를 활용한 공부법』의 저자이자 뇌 과학자인 모기 겐이치로의 말이다.

몇 해 전 새벽 6시 수영을 배우러 다녔다. 체력의 한계를 느껴 운동이 절실했다. 따로 시간 내기가 어려워 아이들이 곤히 잠든 새벽 시간을 활용했다. 수영을 잘하기 위해 배운 게 아니다. 건강을 위해 배우던 거라 남들보다 한참 뒤처져도 개의치 않았다. 새벽에 일어나는 게 쉽지 않았지만 건강한 모습을 상상하며 버텨온 시간이었다. 새벽 시간을 활용하는 일은 사람마다 다르다. 운동일 수도 있고, 공부일 수도 있다. 나는 독서를 했다. 처음부터 새벽 독서를 지향했던 것은 아니다. 낮 시간은 아이들로 부산했고, 피곤한 저녁은 생산적이지 못했다. 그러나, 새벽 독서는 달랐다.

푹 자고 일어난 새벽은 머리가 가장 맑았다. 새벽 1시간은 오후 3배의 효율이 있다고 한다. 뇌과학자이자 정신과 전문의인 이시형 박사는 뇌과학에서 추천하는 가장 간단하고 효과적인 시간 창출 방법은 아침 일찍 일어나는 것이라고 한다. 수면 과학에서 추천하는 건강과 성공의 지름길이기도 하다.

아무에게도 방해받지 않은 귀한 아침 시간, 이 소중한 시간을 나를 위해 안배했다. 내가 원하는 나의 삶을 위해서 책을 읽었다. 간절한 바람이었다. 인생의 하프 타임을 마무리하는 시기이고, 인생 후반전을 위하여 나의 삶을 당당하게 살자고 생각했다. 나의 중심을 잡기 위해 독서를 시작했다.

책을 좋아했지만, 독서를 즐길 시간은 부족했다. 책 읽는 속도도 느렸다. 책을 읽는 목적은 나의 인생을 리셋하고 부모 역할을 재정립하기 위함이었다. 새벽 독서 중 『지금 이 순간을 살아라』에서 미래도 과거도 아닌 우리가 존재하고 있는 '현재'의 소중함을. 『사색은 자본이다』를 통해 중요한 것은 정보의 깊이가 아니라, 생각의 깊이라는 것을. 『프레임』에서 오해와 편견에서 벗어나 나와 타인을 이해하고, 더 나은 삶을 위해 지혜와 겸손으로 끊임없이 리 프레임해야 함을. 『마인드셋』에서는 자신을 스스로 재단하려고 했던 고정 마인드에서 성장 마인드셋으로. 『그릿』에서 꾸준한 근성이 열정보다 중요함을. 『치우치지 않는 삶』에서 행복은 그 여정에 있다는 것과 치우치지 않고 조화를 따르는 삶의 자세에 관하여. 하나하나 학습하고 나의 모습을 반추하며 새롭게 정리해갔다. 인지 신경학자이자 아동 발달학자인 매리언 울프는 읽기의 뇌가 곧 비판적인 사고, 생각하는 힘이라는 것을 역설했다. 살아오면서 내가 얼마나 비판적인 사고를 했는가? 얼마나 사유하고 숙고해본 적이 있었나? 자문해보는 시간이다. 독서를 통해 사유의 힘을 키우려고 노력 중이다. 세계 최고의 언어학자인 크라센은 '자발적인 읽기의 중요성'을 강조했다. 새벽 독서가 주체적인 나로 만들어가고 있었다.

독서 자체만으로도 많은 영감을 주었지만 읽고 돌아서면 기억이 나지 않았다. 나의 고정된 한계를 넘어서는 새로운 가르침이 절실했다. 책을 통해 받은 감동과 혜안을 삶에 적용하며, 새벽 독서를 꾸준히 이어가고 싶었다.

그래서, 나만의 은밀한 시간을 다음과 같이 계획했다.

첫 번째, 은밀한 시간 책상 위 책을 선물했다.

아침 기도와 루틴을 마치고, 향긋한 커피 한잔을 내려 방으로 갔다. 발코니 창문을 열고, 차가운 새벽 바람을 맞았다. 책상에 앉아 한 손에는 책장을 넘기고, 한 손에는 커피잔을 들었다. 책을 읽으며 마시는 커피 한 잔은 지치고 힘들었던 영혼을 책과 함께 따스하게 어루만져줬다.

최근에는 온라인 모임에서 주간 독서목록과 핵심 미션을 공유했다. 매주 월요일 각자 읽고 있거나, 그 주에 읽을 독서목록을 인증했다. 주간 첫날, 읽을 책을 미리 선정해두니 고민하는 시간이 절약되었다. 잠들기 전 선별한 책을 미리 훑어보는 것만으로도 다음 날 새벽 기상의 동기로 충분했다.

두 번째는, 은밀한 시간 몰입의 즐거움이 더해갔다.

조용히 빠져드는 즐거움을 언제 누려보았을까? 특히, 육아하는 엄마들은 더욱 그렇다. 온전히 자신을 위한 시간은 허락되지 않는다. 이에 대한 대안이 새벽이다. 유일하게 자신을 위해 사용할 수 있는 시간이다. 누구도 나를 찾지 않는다. 핸드폰도 무음으로 설정하고 신경 쓰지 않는다. 때로는 비행기 모드도 요긴하다. 스스로 방해하지 않는다면 독서에만 몰입할 수 있는 가장 좋은 환경이 새벽이다.

세 번째는, 은밀한 시간 사색하고 기록한다.

공자는 『논어』에서 "배우기만 하고 생각하지 않으면 얻는 것이 없고, 생각하고 배우지 않으면 위태롭다."라고 했다. 배움의 성찰과 지혜를 얻기 위해 간절한 마음으로 읽었다. 기존의 틀을 깨고 싶고, 변화하기 위해서 마음을 열고 수용했다.

간직하고 싶은 글귀에 포스트잇을 붙였다. 빈 공간에 독서 날짜를 쓰고 질문하고 답하며 스치는 생각을 잡아 두었다. 초반엔 앞장에 메모지를 붙여놓고 중요하다고 생각하는 페이지를 적고 요약했다. 재독 시 도움 받을 수 있었다. 책을 읽고 문장을 필사하고, 생각을 정리해 보는 과정만으로도 시야가 확대됨을 느꼈다. 거기서 그치지 않고 나에게 맞는 글을 쓰고 있다. 일주일에 한 번 온라인 독서 모임을 하면서 노션과 블로그에 책 리뷰를 올리기도 했다. 서로의 글과 의견을 나누며 식견을 넓힐 수 있었다. 지혜로운 인생을 위해 거인의 어깨에 올라타는 방법이 바로 독서와 나눔이다. 그중 새벽 독서는 어깨에 올라타는 안전한 사다리가 아닐까.

마지막으로, 은밀한 시간 귀가 호강하는 시간이다.

산 아래에 자리한 단지다. 해뜨기 직전의 칠흑 같은 고요함. 얼마 지나지 않아 서서히 동이 트기 시작하면 새들도 잠을 깨운다. '지지배배', '짹짹', '지지지' 한참 동안 지저귀는 노랫소리, 여름날엔 '찌르르, 찌르르' 풀벌레 소리, 귀뚜라미 소리가 더해져 평온한 아침을 선사한다. 어느새 차들의 시동 소리, 사람들의 움직임이 들려오기 시작한다. 이 순간 우리 주위가 맑게 깨어난다. 새벽을 맞이하며 아침의 신선한 에너지를 맘껏 흡수할 수 있다. 내 삶의 주인임을 온전히 느끼는 시간이다.

꾸준한 새벽 독서는 뇌 가소성을 읽은 뇌로 변화시켜준다. 한정된 시간, 독서를 통해 몰입도를 높였다. 주체적으로 삶을 이끈다는 성취감도 한몫했다. 새벽 독서를 유지하며 나와 대화하는 시간이 늘어나기 시작했다. 작은 변화로 활기찬 하루를 시작했다.

은밀한 시간, 책 속의 '너'를 만났다. 원하는 상대는 내가 고른다. 우리의 인생은 새벽 시간을 어떻게 활용하느냐에 따라 달라진다. 많은 사람은 주어진 시간을 발판 삼아 자신의 꿈을 이루었다. 은밀한 데이트로 작은 바람을 모아 꿈을 향해 나아간다. 뇌가 깨끗한 새벽 흡수율은 남달랐다. 천천히 읽고, 물음을 던진다. 그리고 깊이 생각한다. 뇌가 깨끗한 새벽 '독서'로 '사색'을 이어가며 단단한 내면을 만들어간다.

5

나에게 빛나는 한 구절을 보낸다

손으로 글을 써본 기억은 언제일까? 매일 새벽 빈 노트에 펜을 들고 꾹꾹 눌러가며 채워간다. 온 마음을 담는다. 마음을 붙잡는 한 구절을 발견하면 책 읽기를 멈추고 노트를 편다. 딱딱한 펜을 들어 부드러운 종이에 한 글자씩 꾹꾹 눌러가며 옮겨 적는다. 사각거리는 소리가 마음을 차분하게 만든다.

필사란, 베껴 쓰기다. 손으로 책을 읽는다. 가장 속도가 느린 독서 법이다. 일본의 뇌과학자 구보타 박사는 『손과 뇌』에서 손을 사용함으로써 인간 두뇌의 중추인 전두엽에 자극이 가해지고, 자극을 해석하는 과정에서 전두엽은 새로운 생각을 만드는 등 창의적 활동이 이루어진다고 한다. 즉 손은 최고 차원의 정신 기능을 움직이는 '외부의 뇌'인 것이다.

첫 필사는 고교 시절, 친구들과 주고받던 편지였다. 작은 일에도 깔깔거리며 즐거워하던 그 시절, 좋은 글귀를 보면 예쁜 편지지에 정성껏 옮겨 적었다.

그 후 몇 년 만일까? 독서 모임을 함께 하던 랜선 지인들과 필사를 함께 했다. 그 첫 책이 『도덕경』이다. 지금 아니면 언제 읽을까 싶어서 필사를 시작했다. 도가의 대표적인 경전이다. 도라는 말부터 어려웠다. 자연에 순응하는 무위(無爲)의 삶을 살아갈 것을 역설한 노자의 사상을 담았다. 쉽지 않은 문장들이었다. 동양 철학을 서양인의 시각으로 재해석한 웨인 다이어의 『치우치지 않은 삶』이 오히려 편하게 다가왔다. 『도덕경』은 성경을 제외한 가장 많은 번역본을 가지고 있다. 보는 시각에 따라 해석도 다양했다. 노자의 사상은 자연의 유기적인 흐름처럼 인간이 도를 지향하고 깨달을 때, 삶이 더욱 견고해질 수 있다고 한다. 마음의 집착을 내려놓으면 얻게 되는 섭리에 대해 말하고 있다. 노자의 사상을 몇 번씩 곱씹으며 천천히 읽고 필사했다. '가장 단순한 것이 가장 명확한 것이다. 소유하지 않음으로써 진정한 풍요를 누린다. 비움으로써 더 많은 것을 채울 수 있다.' 머리가 아니라, 손과 눈

그리고 마음속으로 되뇌며 질문해봤다. 얼마나 이해했느냐는 중요하지 않았다. 나의 그릇으로 받아들인 만큼 그날의 자세로 삼았다. 화, 덕, 자애, 검소, 감사… 나에게 던져주는 메시지가 무엇인지 몰두해보며, 나를 비추는 거울로 삼으려 했다. 노트 말미에는 그날의 생각을 정리하며 마음의 조급함을 내려놓을 수 있었고, 삶을 대하는 자세로 배워나갔다. 함께하는 사람들과 새벽 인증을 하며 마무리했다. 작은 성취감이었다.

다산 정약용은 매일 새벽마다 고전을 몇 쪽씩 베껴 쓰는 일을 황홀한 취미로 삼았던 분이다. 다산은 베껴 쓰는 것을 의심했던 두 아들에게 이렇게 답했다. "너희들이 어찌하여 초서의 효과를 의심하여 그런 말을 하느냐. 어떤 책이든 손에 잡으면 학문에 보탬이 될 만한 대목만 가려서 뽑고 나머지는 눈길도 주지 말거라. 그러면 비록 백 권의 책이라도 열흘 공부로 끝낼 수 있을 것이다." 필사의 정수가 아닐까. 다산 선생의 말처럼, 책에서 나에게 필요한 부분을 골라내는 것, 필사의 묘미이기도 하다.

헤르만 헤세의 『내가 되어가는 순간』을 필사했다. 나를 찾아 떠나는 여행이었다. 새벽 필사를 하며 나를 찾고 발견하도록 도움을 준 책이다. "한 사람 한 사람의 삶은 자기 자신에게 이르는 오솔길을 보여주는 것이다. 그 누구도 완벽하게 자기 자신이었던 적은 단 한 번도 없지만, 자기 자신이 할 수 있는 방식으로 자기 자신이 되려고 최선을 다한다." 데미안의 구절이 가슴을 울렸다. '자기 자신', '진정한 자아'를 찾기 위해 피나게 책을 읽었고, 글을 썼다는 헤세를 만나는 유일한 시간이다. 삶의 의미를 찾으려고 고군분투하는 나에게 그의 혜안은 길잡이가 되어주었다. 이 책의 서두 글처럼 "갈지자로 인생을 가더라도 나의 내면의 소리를 따라가다 보면 나의 가능성은 또다시 열릴 것이다." 내가 걸어온 길을 돌아보았다. 더 나은 삶을 찾아 고민할 때 '갈지자 인생'이라는 문구를 묵상해보았다. 나의 지나온 발자국들도 갈지자일지언정 결국 서로 연결되어 하나의 선을 이루고 있었다.

레프 톨스토이의 『살아갈 날들을 위한 공부』를 필사하며 나에게 가장 중요할 때는 현재이며, 나에게 가장 중요한 일은 오늘의 일이며, 나에게 가장 중요한 사람은 지금 눈앞에 있는 사람임을. 다시 오지 않을 지금, 소중함을 볼 수 있도록 안내해주었다.

매일 아침 기도 · 명상을 마치고 나의 공간으로 들어와 맨 처음 필사로 시작했다. 잠들었던 뇌를 깨우고, 천천히 생각하며 묵상하는 데 필사만큼 좋은 것도 없었다. 『유시민의 글쓰기 특강』에서 다음과 같이 말했다. "단어와 문장의 자연스러운 어울림을 즐기고 익힐 수 있는 책으로는 박경리 선생의 소설 『토지』만 한 것이 없다고 생각한다."에서 『토지』를 세 번 읽었다는 글을 접하게 되었다. 작은방(감옥)이어서 가능했다고 말했지만 얼마나 좋은 책일까 궁금했다. 그즈음 『엄마의 새벽 4시』에서 『토지』를 읽기만 한 것이 아니고, 필사했다는 부분을 읽으며 강한 내적 동기가 올라왔다. 『토지』는 1969년에서 1994년까지 26년 동안 집필되었으며, 200자 원고지 4만 여장에 이르는 방대한 분량이다. 필사하기로 마음먹었으나, 의지만으로는 쉽지 않을 것 같았다. 그동안 해왔던 것처럼 인증하는 모임으로 환경을 조성하면 할 수 있을 것 같았다. 그만큼 읽고 싶었다. 용기 내어 블로그에 모집 글을 올렸다. 이웃도 얼마 되지 않은 블로그에 감사하게 이웃분들이 신청해주셨다. 이렇게 온라인 토지 필사 방이 만들어졌다. 생각보다 토지는 재미있었고, 하루 15분만 투자해서 읽어보자고 생각했던 일들이 15분을 넘기고 다음 장이 궁금해졌다. 그만큼 흥미진진하다. 하루 10분 읽고, 5분 필사와 단상을 적어나가며, 더 읽고 싶은 충동을 억제하는 중이다. 구한말 일제 강점기를 거쳐 해방에 이르기까지 우리의 역사를 읽고 있다. 인물들의 역경과 삶의 무게가 고스란히 담긴 글을 접하며, 민초들의 고단한 삶을 통해 가슴 아픈 역사를 돌아보는 중이다. 그들의 삶과 우리의 삶도 별반 다르지 않음을, 시대가 변해도 극복해야 할 과제들은 산재해 있음을 통감했다. 어떻게 풀어가야 할지는 각자의 몫이 되어버렸다.

이 글을 쓰는 지금, 매일 새벽 『토지』, 『니체의 말』을 필사하고 있다. 니체의 명언 가운데 아침에 필사한 부분이다. "늘 자신을 개척해가는 자세를 갖는 것이야말로 인생을 최고로 여행하는 방법이다." 여기서 개척이라는 단어가 의미심장하다. 자신을 개척하는 자세라는 건 무엇을 의미하는가. 자신을 갈고닦는 데 게을리하지 않아야 함을 말하고 싶었던 것일까.

위에서 소개한 현인들의 철학을 필사하며 생각을 정리했다. 위대한 철학자가 내 곁에 와서 속삭인다. 어찌 필사하지 않을 수 있을까. 나에게 주는 메시지가 무엇인지 이 순간의 단상을 놓치고 싶지 않다. 진정한 필사는 종이 위에 베껴 쓰는 것이 아니라 마음과 마음이 만나는 그곳에서 빛을 찾는 과정이다.

필사하는 이유는 다음의 2가지다.

먼저, 더 나은 삶을 살고 싶어서다.

감동적인 문장을 발견했을 때, 눈으로 읽고, 손으로 읽고, 다시 마음으로 읽는다. 좋은 글의 의미를 새기는 필사의 과정은 더 넓은 사색으로 이끌어주는 고마운 도구다.

다음은, 작가와 대화하며 그의 문체를 배운다.

필사는 텍스트에 대한 깊이 있는 이해를 가능하게 한다. '단어와 문장의 자연스러운 어울림을 즐기고 익힐 수 있는 책'이라고 토지를 소개한 것처럼, 작가의 심경을 고스란히 느낄 수 있다.

필사, 시간과 공간과 손 그리고 눈의 주인이 되어 온전히 몰입한다. 손으로 쓰며 사색하는 힘과 지혜의 근원을 만들어간다. 내 삶의 주인인 나에게 빛나는 한 구절을 보낸다. 천천히 읽고, 천천히 쓰며, 천천히 사색한다. 필사를 통해 깊이 있는 '통찰의 힘'을 키워간다.

6

산책길에서 새로운 나를 마주친다

"솔비투르 암불란토(Solvitur ambulando)", "그것은 걸으면 해결된다"라는 뜻의 성 어거스틴의 말이다.

서양 철학에서 칸트와 니체는 산책을 통해 '사유의 걷기'를 해왔던 사람들이다. 여기서 말하는 산책은 오롯이 자기의 생각에 집중할 수 있도록 하는 것이다. 일상에서 벗어나 자연의 품으로 들어가서 걷는 것이다. 그들은 익숙한 집 주변을 걸었다. 새로운 길과 여행지가 아니다. 이는 새로운 환경에 시선을 두지 않고 자기의 생각에 몰두하기 위함이다.

홀로 걸었다. 오후 3시 30분이면 어김없이 산책했다는 칸트를 떠올렸다. 현관 앞에 쪼그리고 앉아 운동화 끈을 조이고 현관문을 나선다. 엘리베이터를 지나 계단실로 향했다. 계단 창밖으로 파란 하늘이 보인다.

한 계단 한 계단을 밟아 1층에 다다랐다. 봄 햇살이 눈부시게 비춘다. 천천히 아파트 보도블록을 걸으며 상념에 잠긴다. 단지 앞 상가를 지나면 도로 옆으로 개울이 흐르고 있다. 개울물 소리가 맑게 들린다. 사람이 별로 없다. 자전거 2대가 지나간다. 개울 옆 산책길을 느릿느릿 걷는다. 오리 떼가 물 위를 둥둥 떠다닌다. 비록 철학가는 아니더라도 두 발로 사유하는 시간이다. 이렇게 몸을 움직이면 무거워진 머리가 가벼워지곤 했다.

막내 유리가 두 차례 경련으로 마음이 무거웠었다. 지난 시간을 되돌아보며 유독 여러 사람의 손을 거친 유리가 떠올랐다. 아이가 셋이다 보니 도움이 필요했다. 병원 퇴원 후, 산후 도우미가 그리고 시어머니, 큰아이 유치원 등·하원을 위해 같은 아파트에 살던 이웃의 도움을 받았다. 쌍둥이 중 딸 서리는 잔병치레가 많아, 자주 병원에 갔기에 온 신경은 서리를 향해 있었다. 그나마 건강하던 유리는 다른 분들께 맡겨졌다. 여러 사람의 손을 타며 '분리 불안'을 느꼈을 것이다. 무거워진 마음을 안고 천천히 걸었다. '어떻게 해야 할까.' 유리는 사인을 보내고 있었다.

우연히 신문에서 '땅과의 접지가 면역력을 높인다.'라는 맨발 걷기의 효능에 관한 기사를 보게 되었다. 미국 피츠버그 대학교의 제임스 오슈만 박사 연구팀은 "맨발이나 손 등의 신체가 지구 표면과 직접 접촉하는 것이 염증, 면역 반응, 상처 치유, 만성 염증 및 자가 면역 질환의 예방 또는 치유에 도움이 된다."라고 미국의 염증 연구지에 발표했다. 인류가 발달하면서 전통적인 가죽 대신 부도체인 고무 밑창을 댄 신발을 신게 되었고, 자유 전자라 불리는 에너지가 차단되었다. 땅과의 접지 부족으로 만성 피로를 유발하고 면역계 세포도 제 기능을 못하게 되었다는 것이다. 맨발로 걷는 것이 혈액 순환뿐만 아니라 면역에 도움이 된다는 것을 읽으며 소화기가 약한 유리가 떠올랐다.

아이들과 '능'에 갔던 적이 있다. 갑자기 내린 비에 우산을 쓰며 맨발 걷기를 제안했다. 운동화와 양말을 벗고서 빗길을 걸었다. '졸졸' 빗물이 발등을 타고 흘러내렸다. 빗길이 마치 바닷가 모래사장을 걷는 기분이었다. 비록 고운 해안과 달리 잔디와 함께 깔린 모래들로 까슬까슬했고 밟히는 나뭇가지로 발바닥이 따끔거렸지만, 몸은 한결 가벼웠다. 쌍둥이들도 바지를 무릎까지 올리고, 하얀 발을 내놓고 초록 잔디를 밟았다. 앞선 아이들이 "아야, 아야!" 소리를 내며 발바닥의 작은 통증을 즐기는 듯 했다. 숲속을 걷는 걸음은 신선한 놀이였다. 지나치는 사람들이 힐긋거리며 쳐다보았지만 개의치 않았다. 오히려 마음은 평온했다. 한참을 걸어 능 제사 건물인 정자각 앞에 다다랐다. 능에서 맨발이 송구하긴 했으나, 비가 내리니 무마되는 듯했다. 나이 지긋하신 아저씨와 눈이 마주쳤다.

"아이들이 예쁘네. 사진 찍어주고 싶은데 정자각 위에 서보세요."

가족사진을 찍어주고 싶다며 아이들을 향해 "애들아, 맨발을 들어봐."라고 하셨다.

맨발로 능을 걷는 아이들이 귀여우셨을까? 정자각에서 구도를 잡아, 사진을 찍어주셨다. 비 오는 숲속에서 맨발이 빛나던 산책이었다.

그 뒤로도 기회가 되면 종종 맨발 산책을 한다. 아파트 단지 뒷산을 따라 내려가면 작은 공원이 조성되어 있다. 아이들은 본능적으로 느끼는 것일까? 운동화와 양말을 벗어놓고 놀이에 몰입한다. 맨발의 사나이 유리는 더 적극적으로 통나무와 흙을 밟으며 논다. 그래서일까? 병원 진단이 무색하게 건강하게 잘 자라고 있다. 자연의 지기를 온몸으로 받고 온 날은 더 건강해진 듯하다. 뒷산에 갈 땐 물과 함께 물티슈를 챙긴다. 지기를 밟고서 발을 닦고 운동화를 신는다. 흙길과 아스팔트 길을 걸을 때 몸의 느낌은 확연히 다르다. 맨발로 걸어본 사람만이 아는 자연의 힘이다.

땅의 에너지를 받으며 홀로 산책한다. 단지 기분 탓일까? '명료한 나'를 만나게 된다.

모래를 좋아하는 아이들을 위해 종종 모래가 펼쳐진 바닷가로 간다. 아이들은 모래성과 탑을 쌓기 위해, 나는 걷기 위해 모래사장을 즐긴다. 따뜻한 모래벌판에 맨발을 내민다. 고운 모래가 발가락 사이를 간지럽힌다. 여기서 만큼은 타인의 시선에 자유롭다.

산책은 빠른 걸음으로 땀을 뻘뻘 흘리며 걷는 것과는 다르다. 건강을 위해 하루 1만 보 이상을 걸으려는 사람들이 많다. 음악을 듣거나, 지인과 함께 담소를 나누며 걷기도 한다. 나도 그랬다. 걷기도 하고 친목도 쌓을 수 있으니까. 그러나, 더 즐기게 된 건 칸트와 니체처럼 사유의 걷기다. 일상에서 벗어나 자연의 품으로 들어간다. 그들처럼 익숙한 집 주변을 걷는다. 오롯이 걷는다. 소소한 생각이나, 머릿속이 복잡할 때, 기한 없이 미루거나, 가위로 잘라버리듯 외면하는 경우가 많았다. 쪼그리고 앉아 고민할 때보다, 자연 속에서 몸을 움직이면 마음이 가벼워졌다. 이젠 덮어두지 않고 움직인다. 푸른 나무의 정기 때문일까. 명상하듯 걷다 보면 마음이 편안해졌다.

오늘도 혼자 걷는다. 핸드폰은 무음으로 주머니에 넣는다. 일주일에 한두 번이면 충분하다. 무심히 아파트 단지를 걷다가 색색이 핀 철쭉을 발견했다. 연보라 철쭉의 꽃말은 '자제, 사랑의 즐거움'이다. 꽃말을 이용해 문장을 만들어봤다. '마음의 파동을 조율하는 방법으로 산책의 즐거움을 선택했다.' 피식, 멋쩍게 웃어본다. 올려다본 나무들도 파릇 파릇 잎이 무성해졌다. 보도를 따라 신호등을 지나 개울까지 왔다. 개울길을 따라 천천히 걷는다. 개울 소리가 오늘따라 청명하다. 한 주를 평온하게 보내고 싶기에 산책길에서 '사색하는 나', '새로운 나'를 만난다. 개울가 활짝 핀 꽃 한 송이가 나를 보며 반긴다.

7

나만의 정서 공간, 비밀스런 아지트

나만의 아지트가 있는가? 사람들은 각자 좋아하는 애착 공간이 있다. '명명'하지 않았을 뿐, 즐겨 찾거나 자주 가서 편안히 쉴 수 있는 장소다. 이런 장소를 아지트라고 생각한다. 아지트의 어원은 러시아어 'agitpunkt:아깃 푼으뜨'로 선거본부, 비합법 운동가나 조직적 범죄자의 은신처라는 뜻이다. 어원은 그렇다고 해도 우리에게 통용되는 의미는 내가 편하게 느끼는 장소다. 아지트로는 좋아하는 것들로 둘러싸인 개인 공간이나, 지인들끼리 소통하기 위해 모이는 공공장소일 수도 있다. 머리가 복잡하거나 쉼이 필요할 때, 나만의 정서 공간, 아지트로 간다.

오래전에 읽었던 존 그레이의 『화성에서 온 남자 금성에서 온 여자』에서 남자는 자신만의 '동굴'이 필요하다고 했다. 자신만의 동굴이 아지트다. 그런데 시간이 지나고 보니 남자뿐만 아니라 모든 사람에게 혼자만의 시간을 위한 '동굴'이 필요하다. 특히 한참 육아하는 엄마들에겐 더욱 간절하다. 책에 기술된 것처럼 여자들은 '관계'를 더 우선시하는 경향이 있다. 어떤 문제나 스트레스를 받으면, 지인들과 대화를 주고받으며 감정을 해소하고 해결책을 찾기도 한다. 만남을 좋아하는 나도 아이들을 키우면서 매일 만나다시피한 이웃 친구가 있었다. 당장은 위안이 되고 즐거웠다. 그러나 지나고 보니 내게 주어진 문제들을 제대로 들여다보지 않았다는 것을 알게 되었다. 조용히 내면의 소리에 귀 기울이는 시간을 통해 문제의 근원을 보는 힘, 그 너머를 보는 지혜를 키워간다.

코로나로 아이 셋과 온종일 같이 지내다 보니, 조용히 있고 싶다는 간절함이 컸다. 혼자만의 공간을 찾았다. 나만의 아지트에서 나를 돌본 후 아이들을 더 살갑게 대할 수 있었다. 집 안 정리가 밀려 있고, 레고가 발에 밟혀도 눈 딱 감고 나를 위한 시간을 보냈다. 이런 소소한 충전을 통해 더욱 밀도 있는 시간을 보내게 되었다.

다음은 '본연의 나'를 만나기 위한 아지트다. 특별할 것 없는 장소지만 나만의 정서 공간이다.

첫 번째, 기분 좋은 장소다.

비가 오는 날을 좋아한다. 마음이 차분해져서 좋다가도 이유없이 울적해지곤 했다. 그럴 땐 좋아하는 차 한잔을 준비한다. 향긋한 커피를 내려 발코니 카페로 간다. 창밖의 빗소리가 배경음악이 되고, 향긋한 커피 향을 맡으며, 캠핑 의자에 앉았다. 눈을 감고 있으면 평온해졌다. 현실은 먼지가 돌아다니는 발코니일지라도 말이다.

화창한 날엔 창문을 활짝 열어두고 밖으로 나갔다. 단지 내 정원이 잘 꾸며져 있다. 배드민턴장도 있고, 정자도 있다. 아이들과 '얼음 땡', '무궁화 꽃이 피었습니다'도 하고 쭈그리고 앉아 개미를 관찰하고, 정원을 몇 바퀴 뛰기도 했다. 아이들은 킥보드를 타고 나는 열심히 뛰어보지만, 아이들을 따를 재간이 없다. 숨을 헐떡거리다가 이내 벤치에 앉아 싱그러운 아이들을 바라보았다. 언제나 이 벤치는 나를 위해 대기하고 있었다. 고개를 들어 올려다본 파란 하늘은 초록빛 나뭇잎 사이로 쾌청하다. 마음마저 환해진다. 발코니 캠핑 의자, 정원의 벤치는 언제든 갈 수 있는 생기를 넣어주는 나만의 아지트다.

또, 기분 좋은 아지트의 절정은 자동차다. 격주로 책을 반납하고 대출하기 위해 도서관에 갔다. 코로나로 조심스러울 때, 혼자서 다녀오는 여정을 즐겼다. 반납해야 할 아이들 책은 에코백 두 개가 꽉 찼다. 커피 한잔을 내려 텀블러에 담았다. 에코백 두 개를 카트에 담아 끌며 주차장으로 내려갔다. 트렁크에 30권이 넘게 들어 있는 묵직한 가방과 카트를 실었다. 운전석에 앉으면 콧노래가 절로 나왔다. 챙겨온 텀블러의 커피를 홀짝이며 음악을 트는 순간 차 안이 카페가 됐다. 마치 여행을 떠나는 듯, 차 안은 설레는 아지트다.

두 번째는 마음에 평화를 주는 곳이다.

건축 설계를 했다. 일의 특성상 야근과 철야가 많았다. 팀 작업을 하다 보면 회의도 많고, 그려야 할 도면도 많고 늘 일에 쫓기다 보니 등 떠밀려 가는 것처럼 헐떡거렸다. 동료들과 점심 식사를 마치고, 사무실로 복귀하면서 우연히 성당을 발견했다. 주택가 빌라들에 가려 보이지 않았던 곳이다. 성당은 나만의 아지트가 되었다. 종교 건물의 특성상 평일엔 사람이 없다. 그날도 조심스레 커다란 문의 손잡이를 당겨서 안으로 들어갔다. 텅 비어 있는 성당 제대 앞쪽에 어머니 한 분이 고개를 떨구고 기도하고 계셨다. 조용히 문을 닫고 또각또각 소리가 나지 않도록 발에 힘을 주어 걸었다. 맨 뒤 긴 의자 중앙에 앉았다. 고개를 들어 천장을 올려다보았다. 높은 천장 덕분에 마음마저 넓어진 듯 인적 없는 성당은 언제든 숨 고르기 좋은 장소다. 부산했던 마음이 평온해졌다.

세 번째 장소는 휴식과 배움이 양립하는 곳이다.

도서관에 들러 책을 골라온 날에는 아이들과 책을 닮았다. 서로 분

업해서 깨끗하게 소독하고, 대출 도서를 들고 각자의 공간으로 갔다. 주로 아이들은 거실에서, 나는 안방 소파로 갔다. 리클라이너 1인용 소파가 있는 안방이 나의 애착 공간이다. 아이들을 수유하며 안아 재우기도 했던 나의 휴식처다. 소파를 최대한 눕혀서 다리를 올려놓는다. 부드러운 쿠션을 배 위에 얹고, 쿠션 위에 책을 올려놓으면 세상에서 가장 편한 자세가 나왔다. 아이들에게 한 시간 알람을 요청하고 서로의 영역을 지켜달라고 부탁했다. 달콤한 시간은 속절없이 지나갔다. '쿵쾅쿵쾅' 어느새 거실에선 아이들의 칼싸움 소리가 들리곤 했다.

아지트, 듣기만 해도 기분 좋은 미소가 지어진다. 나를 쉬게 할 장소가 있는가? 우리에게 필요한 정서 공간이다. 모든 엄마에게 아지트는 간절하다.

육아가 힘든 엄마에게 제안하는 아지트는 다음과 같다.

첫째, 몸과 마음이 힘들어 혼자 있고 싶을 때, 마음이 번잡할 때, 정서 공간이 필요하다.

외출하기 어렵다면 아이에게 영화 한 편 틀어주고, 좋아하는 차 한 잔을 준비한다. 따뜻한 차를 음미하며 노트를 준비한다. 분란한 마음을 쓰는 그곳이 당신의 정서 공간이 된다. *끄적끄적 몸 안의 불순물을 끄집어내면 마음이 한결 나아질 것이다.*

둘째, 괜히 우울하거나, 무력감이 밀려올 때 밖으로 나가자. 몸을 움직여 도서관 산책을 권한다.

지혜를 갖춘 작가들이 날 위해 대기하고 있다. 내가 주인공이 되어 선택한다. 그 만남이 나를 어떻게 변화시킬지 아무도 모른다.

좋아하는 카페나, 안락한 소파 등 내가 좋아하는 나만의 아지트에서 편안하게 '엄마'가 아닌 '나'를 만난다. 나의 마음을 돌보는 시간, 소중한 나의 아지트에서 데이트를 즐겨보면 어떨까. 엄마의 마음이 아이의 마음이 되고, 엄마의 정서가 아이의 정서가 된다.

딱 5분, 비우면 생기는 변화

우리 집은 심플라이프를 지향하고 미니멀하게, 가볍게 살기를 원한다. 그러나, 아이들이 있는 집은 장난감, 교구, 책 등 집안에 물건들이 넘쳐난다. 물건이 많더라도 정리 정돈이 잘되어 있는가? 작년에 방영하던 '신박한 정리'를 보며 물건을 정리했을 뿐인데, 새로운 공간이 탄생하는 경이로운 모습에 경탄했었다.

거실, 마주하는 양측 벽엔 천장까지 닿을 듯한 책장에 책들이 가득 꽂혀 있다. 책장 옆 소파 위에는 며칠 전부터 걷어둔 빨래가 점점 언덕을 이루어간다. 바닥엔 아이들 장난감이 이리저리 뒹굴고, 여기저기

책이며, 자잘한 블록들, 교구까지 좀 과하게 표현하면 발 디딜 틈이 없어 보인다. 부끄럽지만 우리 집 거실이다. 아이들의 신체 발달을 위한다고 사놓은 ○○ 미끄럼틀은 딸아이 방 발코니를 차지하고, 반지름이 1미터가 넘는 트램펄린은 유리방 발코니의 주인이 되었다. 방 문틀 위에 설치한 그네까지…. 여기서 끝이 아니다. ○○ 교구장이 한 방을 다 차지하고 있으니 그 자잘한 교구들, 감히 손도 대지 못한 그 방은 놀이방이 되어갔다. 여기저기 물건이 쌓여만 갔다. 안 쓰는 물건들을 버리지 못하고 쟁여놓고 살았다.

'치워도 금방 어질러진다. 너무 깔끔하게 키우면 정서에 좋지 않다.'라는 합리화를 하며 아이들을 밖으로 데리고 다녔다. 그즈음 여름휴가 계획을 세우기 위해 모여 앉았다. 겨우 네다섯 살 된 딸아이가 "리조트, 콘도!"란다. '바닷가에 가고 싶다.'거나 '모래 놀이하고 싶다.'라는 게 아니라 '콘도?' 왜 콘도냐고 물어보니 "깨끗하잖아!" 눈을 말똥대며 내뱉는 딸아이의 말에 순간 말문이 막혔다. 집안이 어수선했지만, 어린아이 눈에도 깨끗하지 않다고 생각할 줄은 몰랐다. 순전히 나의 기준으로 "다 너희들 장난감이잖아."라고 둘러대면서도 마음이 좋지 않았다. 도저히 이대로 둘 순 없다고 생각했지만, 어디까지나 생각에 머물렀다. 갈수록 카오스 같은 집은 나를 더욱 권태롭게 만들었다. 심리학 교수로 유명한 조던 피터슨은 『질서너머』에서 다음과 같이 말했다.

"세상을 탓하기 전에 방부터 정리하라." 이 문장을 읽으며, 머리를 한 대 얻어맞는 기분이었다. 피터슨이 우리 집을 보며 조언하는 것 같았다.

꼭 필요한 물건만 남기고 정리하기로 마음먹었으나, 계획대로 진행되기보다는 차일피일 미뤄지는 날이 더 많았다. 특히 옷가지는 버려도 버려도 왜 이리 많이 나오는지, 이런 난감한 시기에 정리 코디를 만났다.

정리 컨설팅과 5분 청소로 달라지기 시작했다.

온라인 독서 모임에서 정리를 장려하는 분을 만났다. 간절한 바람이 이루어지는 순간이었다. 카카오 단톡에 인증하며 스스로 정리할 수 있도록 팁을 주셨다. 어질러진 모습을 앵글로 보니 객관적으로 보이기 시작했다. 쓰레기를 안고 살았다. 정리의 달인들이 이야기하듯 정리의 시작은 버리기다. 아이들 장난감부터 불필요한 물건들을 버리기 시작했다. 정리의 대가 곤도 마리에도 우리 가정에 기쁨을 가져오는 요소만 남기고 나머지는 버리라고 말한다. 그의 말대로 '기쁨을 가져오는 요소'만 남기고 봉지 가득 담아 내놓게 되었다. 다음은 어떻게 정리하기 시작했는지 '비저너리 정리의 기준' 3가지다.

첫 번째, 안 쓰는 물건 순환시키기

아이들의 교구장과 작은 책장, 어렸을 때 보던 책들은 동네 마켓에 올려 무료 나눔을 했다. 작아지고 낡아진 옷들은 커다란 100리터 비닐에 담았다. 문제는 내 옷이다. 작아지지도 않았고 단지 철 지난 옷이라고 버리기엔 아까웠다. 옷을 만졌을 때 설레지 않은 옷과 1년 이상 입지 않은 옷은 버리라는데 쉽지 않았다. 정리한다고 옷장의 옷을 다 꺼냈다가 7할은 다시 넣었다. 반면 남편과 아이들의 옷은 과감하게 비닐에 담았다. 커다란 100리터 비닐이 차고 넘치게 여러 개 나왔다.

두 번째는 각자의 위치를 정해 정리하기

정리할 공간을 정하면 무조건 다 꺼내서 쓸 물건과 버릴 물건을 분류했다. 같은 물건을 두 개 이상 두지 않는다. 주방의 싱크대 상부를 정리하며 락앤락이 수도 없이 나왔다. 그동안 친정 엄마가 반찬을 담아 보내주셨던 그릇들이다. 오래된 플라스틱들은 버리고 남은 것들은 한쪽으로 챙겨두었다. 개수대 상부 장은 식기류를 넣어두는 위치로 정하고, 수납하기 편하게 접시 틀을 활용해 접시는 세워서 정리했다. 조리대 상부 장은 작은 양념들, 하부 장은 무게가 나가는 각종 간장과 기름, 작은 소스들은 바구니에 넣어 정리했다. 크고 작은 바구니를 활용하고 물건의 위치를 정하는 것이 정리의 마무리다. 냉동실도 칸마다 용도를 정했다. 손이 많이 가는 가운데 서랍은 아이들 간식과 아이스크림, 바로 위 칸은 반찬용으로 고기류와 생선, 맨 위 칸은 요리 재료인 얼린 새우와 표고버섯 등으로 위치를 정해 바구니에 담았다. 한눈에 보고 꺼내쓰기 편리했다.

현관을 시작으로 방들과 화장실, 발코니까지 각자의 용도에 맞게 버리고 정리하니 마음이 개운해졌다. 옷도 양말부터 겨울 패딩까지 개고 정리하는 방법을 팁으로 얻었다. 옷가지가 가지런히 개켜진 서랍장을 열어보는 아이들도 덩달아 좋아했다. 구역별 정리를 잘했으니, 이제 유지가 관건이다.

세 번째는 하루 5분 청소로 유지하기

그동안 했던, 일주일에 한두 번 몰아서 하는 청소는 하지 않는다. 매일 한다. 집안 전체를 하는 것이 아니라, 딱 5분 구역 청소다. 두 달 동안 인증하며 청소 습관을 유지했다. 매일 할 곳을 정해놓고, 시간 안에 끝내는 것이다. 예를 들어 월요일은 거실과 안방, 화요일엔 거실과 주방, 수요일엔 아이들 방, 목요일엔 거실과 주방, 금요일엔 거실과 베란다, 주말엔 물걸레다. 손이 자주 가는 화장실 청소는 아침 세수를 한 후에 세면대를 쓱 닦았다. 어디든 들어갔다 나오면서 눈에 거슬리는 것은 정리했다. 거실 정리는 하루를 마무리하며 알람을 맞추고 아이들과 함께 게임처럼 즐겼다. 하루 5분 청소는 시간 안에 집중해서 끝내는 것이다. 5분을 넘길 수도 있지만, 단 5분이라고 생각하면 부담 없이 시작할 수 있다.

제임스 클리어는 정체성은 습관에서 비롯되고, 경험을 통해 습득되고 익숙해진다고 말했다. 예를 들어 매일 침구를 정돈한다면 체계적인 인간이라는 정체성을 만들어가는 것이라고 정체성을 정의했다. 나 또한 정리 습관을 통해 정리를 잘하는 나로 변화시킬 수 있다는 것을 실감하게 되었다. 도움을 주었던 코디도 '나는 정리를 잘하는 사람이다.'라고 의식적인 마인드를 새기도록 도움을 주었다. 미세한 차이가 시간의 축적으로 커다란 차이를 만들 듯이, 작은 습관 하나가 삶의 방향을 변화시킬 수 있다. 정체성의 힘은 크다. 정리를 잘한다고 생각하니 방에서 나올 때는 하나라도 들고 나온다. 머물렀던 자리는 주변을 살핀다. 큰아이도 덮었던 이불을 말끔하게 개고 나온다.

여전히 거실 벽엔 천장까지 닿을 듯한 책장에 책이 빼곡히 꽂혀 있다. 그러나, 바닥엔 연보라 카펫이 깔려 있다. 나른한 오후 정갈해진 거실에서 아이들과 같이 뒹군다. 홈 트레이닝 영상을 보며 한바탕 땀을 뺀 후의 모습이다. 마스크를 써야 했고, 외출이 자유롭지 않았던 때에 우리는 거실에서 운동을 즐겼다. 비워진 거실에서 아이들의 장난소리가 가득하다. 열어둔 창문으로 짧아진 햇살, 상큼한 봄 내음이 바람길을 만들며 거실을 지나간다.

정갈한 집을 위해 불필요한 물건을 비우고, 하루 5분 청소로 깨끗한 집을 유지하기 시작했다. 버리는 물건이 생기지 않도록 필요한 물건인지 아닌지 한 번 더 생각한다. 안 쓰는 물건도 버리는 게 낭비라고 생각했으나, 필요한 사람들을 위해 '순환하고 나누는 것'이라고 생각하니 마음이 편안했다. 방을 훑어보면 어렵지 않게 쓰지 않는 물건들을 발견하게 된다. 필요로 하는 곳에 주거나, 재활용 분리 수거장에 내놓는다. 수시로 비우기와 정리하는 습관으로 청소의 부담에서 벗어날 수 있다. 딱 5분 청소로 충분하다.

나의 행동으로 충족될 수 있는 욕구를 알아봅니다. 삶에서 능동적으로 선택하는 것과 의무감으로 하는 일을 구분할 때, 더 많은 행복과 기쁨을 발견할 수 있습니다. 아래 질문에 답하는 것은 당신의 중요한 가치를 명확하게 해줄 것입니다.

1단계

삶에서 의무나 책임에 의해 계속하고 있는 일은 무엇인가요?

(스스로 해야만 하고, 선택의 여지가 없다고 생각하는 것들을 모두 적어보세요.)

2단계

의무감이 아니라, 내가 하기로 선택했기 때문에 그 일을 한다.

다음과 같이 바꿔 써볼까요. '나는 ~을 하기로 선택한다.'

3단계

주체적으로 선택해서 그 일을 하므로, 그 행동을 한 자신의 선한 동기를 찾아봅니다.

다음과 같이 동기를 써봅니다. '나는 ～을 원하기 때문에 ～을 하기로 선택한다.'

예시)

1단계) 매일 같은 시간에 아이들을 태권도 학원에 데려다주는 것.

2단계) 같은 시간 아이들을 태권도 학원에 데려다주기로 선택한다.

3단계) 나는 아이들이 건강하기를 원하기 때문에 안전하게 데려다주기로 선택한다.

나는 아이들과 오붓한 시간을 원하기 때문에 데려다주며 데이트 시간으로 활용한다(선택한다).

내가 아이들을 위해 선택한 그 일을 함으로써, 선택 뒤에 있는 중요한 가치들을 발견하게 되었습니다.

위 질문을 통해 자신의 행동으로 충족되는 욕구가 무엇인지 더 명확하게 이해하게 됩니다. 그 일이 때로는 힘들고, 어렵고, 귀찮아도 스스로에 대한 사랑을 키워갈 수 있습니다.

※위 내용은 『비폭력대화』의 p223~239를 참고하여 응용한 질문과 내용입니다.

제4장

_____

드디어 어떻게 살지 정했다

- 내 안의 '지니'를 꺼내는 방법 8가지 -

1

독서_지혜로운 삶의 시작, 도서관 데이트

"한국의 성인층에서 지난 1년간 1권이라도 책을 읽은 이는 전체 절반에도 미치지 못했다. 읽은 책들도 2년 전에는 일곱 권 이상이었는데, 지난해엔 네 권 정도에 그쳤다."

팬데믹 사태가 이어진 지난 1년 사이 한국 성인층 독서량이 큰 폭으로 줄었다. 문화체육관광부가 2022년 1월 14일에 발표한 '2021년 국민 독서 실태' 조사 결과다. 2020년 9월부터 지난해 8월까지 만 19살 이상 성인 연령층에서 한 권 이상 책을 읽은 이의 비율(연간 독서율)은 47.5%, 독서량은 4.5권으로 나타났다. 전년에 비해 8.2%포인트, 세 권이 줄어들었다. 갈수록 책 읽는 비율이 감소하고 있다. 스마트폰 사용과 각종 콘텐츠에 익숙해지면서 책은 점점 멀어져가고 있다. 이는 어른들뿐 아니라, 아이들도 마찬가지다.

책 한 권을 정독한 적이 언제인가? 매일 트위터나 인스타그램 블로그의 텍스트는 읽으면서 독서를 언제 했는지 기억나지 않는 사람도 있을 것이다. 내가 그랬다. 몇 년 전까지만 해도 육아서 외에는 어느 책도 달갑게 다가오지 않았다. 그만큼 마음의 여유가 없었다. 쌍둥이가 4세가 되면서 오전 시간이나마 어린이집을 다니게 되었다. 부지런히 도서관을 다녀오는 2~3시간 덕분에 다시 활력을 찾게 되었다.

첫아이가 돌 즈음 우연히 신문 도서 소개란에서 전혜성 박사님의 『엘리트보다는 사람이 되어라』라는 책을 보게 되었다. "부모 인생에 답이 없는데, 아이가 제대로 크기를 바랄 수 있겠는가."라며 일침을 가했다. 부모 역할이 시들해질 때쯤 들춰보는 책 중의 하나다. "부모의 인생에 추구해야 할 명확한 목표를 갖고 있고, 그 과정에서 치열한 노력을 보여줘야 한다." 아이들은 부모의 뒷모습을 보고 자란다고 한다. 왜 하필 뒷모습일까? 그만큼 내가 인식하지 못한 부분조차도 보고 따라 한다는 의미일 것이다. 부모의 삶을 무의식중에 답습하기에 아이에게 바라는 삶의 자세를 부모가 보여줘야 한다. 책장에 꽂혀 있던 빛바랜 책을 다시 들춰보았다. 부모의 가치관부터 확실히 정립해야 한다는 부분에 형광펜이 칠해져 있다. 쌍둥이를 낳고 시들했던 독서를 아이들 덕분에 다시 시작하고 있다. 부모가 바로 서서 목적 있는 삶, 성장하는 삶, 꿈을 좇는 행복한 삶을 살아야 하기에. 도서관 육아서가 꽂혀 있던 100번 대에서 200, 300, 500, 800번대로 종교, 사회, 기술, 문학 쪽으로 확장하기 시작했다.

도서관은 시간을 유용하게 활용할 수 있는 최적의 장소다. 특히 육아하는 엄마들에게 그렇다. 쌍둥이가 어린이집에 다니면서 도서관 나들이가 시작됐다. 책을 읽어줄 수 있는 유아실, 어린이 자료실을 번갈아 이용하고, 마지막엔 종합 자료실을 거쳐 책을 대출했다. 어른뿐 아니라 아이들에게도 자연스레 책 읽는 즐거움을 선사하게 되었다. 아이들이 초등학교에 들어가자, 나만의 여유로운 도서관 데이트가 시작되었다.

다음은 혼자 즐기는 도서관 데이트의 장점이다.

첫 번째, 선약하지 않아도 된다.

도서관은 우리 가까이에 있고, 책을 읽으려고 마음만 먹으면 언제든 갈 수 있다. 읽고 싶은 책을 마음껏 읽을 수 있다. 내가 사는 지역은 인당 일곱 권을 대여할 수 있다. 다섯 식구 몫인 서른다섯 권의 책을 빌릴 수 있다. 제목과 목차, 서문을 훑어 보고 마음껏 담는다. 대여 기간이 정해져 있기에 1주에서 2주에 한 번씩 도서관을 방문해서 쇼핑하듯 책을 골랐다. 대여한 책의 큰 장점은 기간이 정해져 있다는 것이다. 반납 기한에 맞춰 읽고 싶었던 책은 꼭 읽어야 한다. 욕심껏 몽땅 빌려왔다가 훑어보며, 서너 권만 읽고 반납하는 날이 태반이다. 이런 과정을 통해 도서를 고르는 안목을 키워가고 있다. 불과 2~3년 전까지만 해도 아이들 책이 대부분이었지만, 최근엔 내 책의 비율이 높아지고 있다. 아이들은 학교 도서관에서 스스로 대여해서 읽을 수 있기에 주로 내가 읽고 싶은 책 위주로 대여한다.

두 번째는 철학부터 문학 역사에 이르기까지 내가 선택할 수 있다.

도서관의 가장 큰 장점은 어마어마한 책이 있다는 것이다. 오래된 고전부터 따끈한 신간까지 가득하다. 읽고 싶은 책이 없을 때는 신간 신청을 하면 신청자부터 우선 대여할 수 있어 새 책을 읽을 수 있다. 관심 있는 고전부터 심리학, 자기계발서, 소설 등을 비롯해 손만 뻗으면 빌릴 수 있는 책들이다. 책 속의 책을 찾아 연계 독서도 한다. 마음에 드는 작가의 책을 몽땅 빌려볼 수도 있고, 한 주제를 가지고 다양한 관점으로 풀어낸 책들을 만날 수도 있다. 한참 아이들 수업 준비로 자료를 찾을 때 이론서보다는 사례 중심으로 풀어낸 책을 발견해 직접적인 도움을 받기도 했다.

세 번째 장점은, 새로운 책의 발견 그리고 몰입이다.

도서관의 장점 중 하나가 새로운 책을 발견하는 즐거움이다. 대출 목록을 찾다가 우연히 만나게 되는 선물이다. 마음에 드는 책 한 권을 집어 들고 편한 자리에 앉는다. 핸드폰을 진동에서 무음으로 돌려두고 현실 세계에서 뚝 떨어져나온다. 『강안독서』의 이은대 작가는 "내 삶에 도움이 될 수 있는 뭔가를 찾아낸다는 생각으로 마주하면 훨씬 더 재미있고 집중하게 된다."라고 독서의 몰입에 대해 설파했다. 책 속으로 빠져들며 책과 하나가 되는 경이로움을 느낀다. 나를 이끄는 글이나 삶의 통찰로 쓰여진 문장 속에서 지혜를 발견할 때, 아! 하며 나도 모르게 탄성이 나온다. 독서의 즐거움을 말하기 쑥스럽지만, 다양한 책을 접하며 시각이 넓어질 때, 감탄하게 되는 문장을 만났을 때, 글을 통해 마음이 정화되는 경험들이 쌓여 내면을 단단하게 채워주는 느낌이다. 나의 식견을 확장해주는 과정이기도 하다. 독서를 통해 조금씩 생각의 틀이 변화되고 있음을 느낄 때 뿌듯하고 행복했다.

"읽으세요! 10년 쌓이면 인생이 달라져요." 100세가 넘으신 김형석 교수의 인터뷰 글이다. 그는 요즘도 글을 쓰다 막히면 고전을 읽으며 답을 찾는다고 한다. 젊은이들이 숲속에서 길을 찾듯 스스로 읽고 싶은 책을 읽으며 독서의 길을 걸었으면 좋겠다고 전했다. 내가 생각하는 요지도 '스스로 읽고 싶은 책'을 읽는 것이다. 특별한 정보 없이 내가 선별해보는 맛도 쏠쏠하다. 도서관 책장 사이를 산책하다 보면, 숨어 있는 보물처럼 귀한 책을 발견하기도 한다. 도서관 데이트로 삶의 통찰력을 키운다. 성찰하는 독서 데이트로 내면이 단단해진다. 숙고한 현인들의 지혜를 빌려, 아이와 함께 '성장'하며 꿈꾸는 엄마가 된다.

2

여행_잠시 안녕! 나 혼자 떠나는 여행

나 혼자 산다? 혼자 사는 연예인들의 일상을 담은 예능 프로로 〈나 혼자 산다〉라는 프로그램이 있다. 오래전 이 프로그램을 보며 대리 만족했다. 온종일 아이들과 부대끼며 챙겨야 하는 엄마들에게 때론, 나 혼자(?)의 시간은 그 자체가 동경의 대상이지 않을까.

워킹맘이든 가정주부든 혼자만의 시간을 내기란 쉽지 않다. 주위에 도움을 청할 곳이 없으면 말해 무엇하랴. 불가능하다. 일상을 벗어난 여행도 마찬가지다. 가족들과 함께하는 여행조차도 아이들 돌보고, 챙기느라 오붓한 여행은 기대할 수 없다. 엄마들과 대화하다 보면 한결

같이 훌쩍 여행을 떠나고 싶어 한다. 그러나 현실은 아이들이 크건 작건 엄마의 역할을 거론하며 쉽게 단념해버린다. '혼자만의 여행' 듣기만 해도 가슴 설레는 일이다.

주변 친구들은 대학 졸업과 동시에 또는 30대 초에 아이를 낳아 육아에서 벗어난 친구들이 대부분이다. 자유롭게 느껴지는 그들과 달리, 직장생활 한다고 결혼이 늦어졌고, 5년 넘게 아이가 생기지 않아 의술의 힘을 빌려 첫아이를 낳았다. 고대하던 축복이었으나, 일 년의 육아휴직을 마치고 복직을 했다. 일을 지속하고 싶은 나와 아이를 위해 혼자보다는 서로 의지할 형제가 필요하다고 판단했다. 다시 의학의 힘을 빌렸으나, 쌍둥이를 갖게 되어 계획한 모든 것의 전환점을 맞이했다. 아이들에게는 엄마가 필요했고, 양육자의 역할은 생각보다 힘에 부쳤다. 엄마로 살아야 했다. 정작 내가 무슨 생각을 하며 살고 있는지 돌볼 기회가 없었다. 늘 스스로 뒷전으로 밀어내고 있었다.

그러던 어느 날, 이런저런 생각에 잠을 이루지 못했다. 마음이 답답했다. 그렇게 뒤척이다가 거실로 나와 따뜻한 차 한잔을 마시며 노트를 펼쳤다. 겉으로 드러나는 나, 보여주고 싶은 나 말고, 나는 누구인가? 마음이 이끄는 대로 글을 쓰면서 '나'를 돌아보기 시작했다. 풀어내는 글을 통해 마음속 충족되지 못한 욕구가 드러났다. 나만을 위한 변화가 필요했다. 어디론가 훌쩍 떠나고 싶었다. 새벽에 홀로 앉아 여행을 떠올렸다. 혼자서 떠나는 여행이다. 생각만 해도 입가에 미소가 지어졌다.

설렘도 잠시, 아이들이 걸렸지만, 마음을 달리 먹었다. 엄마의 부재를 통해 서로의 소중함을 경험하는 시간이 되길. 그렇게 2박 3일의 여행을 계획했다. 일정이 다가오자 넌지시, 차니에게 동생들을 부탁했다. 흔쾌히 알았다고 대답해준 아들이 고마웠다.

여행 당일, 식탁 위에 간식과 유부초밥을 준비해두고 짧은 메모를 남겼다. 아이들은 하교 후, 간식과 저녁을 먹고 있으면 아빠가 퇴근해올 테고, 다음날은 토요일이니 문제 될 게 없었다.

결혼해서 처음으로 혼자 떠나는 여행이다. 코로나로 하늘길이 막혀 멀리는 못 가지만, 장소가 중요한 게 아니었다. 혼자다! 혼자라고 생각하니 마음이 가벼웠다. 날아갈 듯 신났다. 짐을 쌀 때부터 그랬다. 여행 갈 때마다 아이들 옷가지부터 읽을거리 놀거리를 챙기느라 늘 분주했다. 이번 여행은 달랐다. 딱히 필요한 건 없었다. 잠시 가족들과 떨어져 혼자만의 시간이 필요할 뿐이었다. 이 얼마나 소중한 기회인가! 그동안 마음 편히 잠을 자본 기억도 없다. 종일 잘까? 놀까? 뭘 할까? 조용히 절이나 수도원을 다녀올까? 바다에 갈까? …? 아, 그래! 몇 해 전 아이들과 다녀온 파주 출판단지가 떠올랐다. 다양한 복합시설이 있는 문화공간이다. 숙박도 하고, 미술관도 가고, 공원 산책도 하고, 혼자만의 시간을 보내기에 안성맞춤이었다. 조용히 책을 읽을 수 있는 24시간 전용 서재가 있어 밤새 책을 읽을 수도 있었다. 그래 여기다.

체크인을 하고 객실로 들어왔다. 정갈한 침대에 큰대자로 벌렁 누웠다. 눈을 감으니 아이들의 목소리가 들리는 듯했다. '놀아요. 나가요. 배고파요. 엄마!' 현실은 대자로 침대에 누운 나, 혼자다. 입가에 절로 미소가 지어졌다. 눈을 살포시 떠보니, 눈앞의 책상에 대여섯 권의 책이 꽂혀 있었다. 몸을 일으켰다. 그중 보라색 작은 책이 눈에 띄었다. 별 기대 없이 책을 펼쳐 읽었다. 이기주 작가의 『언어의 온도』였다. 소소한 일상을 농밀하게 담아낸 글로 시간 가는 줄 몰랐다. 삶을 바라보는 시각이 다르게 보였다. 당연하게 느껴지는 일상이 보는 이의 마음에 따라 다르게 다가올 수도 있구나. 일상을 담은 글이 참 따뜻했다. 그의 글 덕분에 내 마음의 온도가 높아져갔다. 지금의 마음을 풀어내면 어떤 글이 될까···. 나도 언젠가 '다정히 손 내미는 글'을 쓸 수 있으면 좋겠다고 생각했다. 몇 편의 글을 읽다 햇살이 들어오는 창밖을 바라보았다. 푸르른 6월, 창밖의 나무들이 무성했다. 초록 나무들 곁에 있는 것만으로도 만족감이 밀려왔다. 읽던 책을 조심스레 덮고 다시, 제자리에 꽂았다.

1층 서재가 있는 라운지로 내려갔다. 공용서재에 꽂힌 책을 이리저리 살펴보는데, 환영 음료로 핑크티 레모네이드가 나왔다. 잔잔한 클래식이 책이 있는 공간의 분위기를 차분하게 해주었다. 독서하도록 조성된 준비된 환경이다. 종이 냄새 가득한 서재 라운지, 부드러운 쿠션과 소파. 뭐가 더 필요할까 싶었다.

여행 첫날 오후, 해지는 노을을 원 없이 바라봤다.

저녁이 되니 웬걸, 아이들이 보고 싶어졌다. 그렇게 혼자 있고 싶었는데 말이다. 나도 모르게 단축키를 꾹 눌렀다.

"엄마다. 엄마 있잖아요…."

핸드폰 너머로 들려오는 아이들의 종알거림을 들으니 잔잔했던 마음에 파동이 인다.

"얘들아 보고 싶어, 사랑해…. 잘자."

다음 날 이른 새벽 산책을 했다. 수채화 풍경이 그려진 화실이 눈에 띄었다. 어제 서가에 있던 팸플릿을 보고 '수채화 그리기' 예약을 했던 곳이다. 숙소 바로 옆에 있었다니 반가웠다. 투명 유리 벽 안에 그림들이 전시되어 있었다. 이른 새벽이라 조명이 꺼져 있었지만, 작고 큰 액자들 사이로 근사한 그림들이 보였다. 언젠간 꼭 그려보고 싶었던 그림, 아이들 크면 제대로 배워보고자 했던 수채화다. 근사한 화실에서 그릴 수 있다는 기대감에 설레었다. 예약 시간이 되었다. 토요일 오후

라서 사람들이 있을 것으로 생각했는데, 코로나 덕분에 아무도 없다. '야호!' 속으로 쾌재를 불렀다.

　화가 아저씨가 내민 풍경 사진이 매력적이었다. 빨간 지붕이 그려진 그림이었다. 체코의 체스키 크룸로프라는 마을의 전경으로 직접 사진을 찍고 그림을 그리셨단다. 사진과 함께 밑그림이 그려진 캔버스, 팔레트, 붓, 물통을 테이블에 세팅해주셨다. 파랑, 빨강, 노랑 색색의 물감들이 이미 팔레트에 담겨 있었다. 잔잔한 음악이 더해진 화실에서 수채화를 그렸다. 얇은 붓에 물을 적셔서 물감에 한 방울 떨어뜨렸다. 빨강 물감을 묻혀 지붕에 색을 더했다. 물로 농도를 조절해가며 멀리 있는 지붕은 연하게 가까운 곳은 또렷한 붉은 색을 담았다. 파릇파릇 나무에 연초록 생기를 넣어주고, 진한 남색으로 깊은 물길을 표현했다. 물의 양에 따라 번지는 색의 오묘함에 빠져들었다. 오로지 그림하고 나만 존재했다. 하얀 캔버스에 색을 더하는 희열에 마치 화가가 된 양, 몰입의 즐거움을 온전히 느꼈다.

　정신없이 바쁘게 살아가는 워킹맘이나 전업주부에게 혼자만의 여행은 꼭 필요하다. 가족과 떨어져 혼자만의 여행으로 지난 시간을 성찰하기도 하고, 가족의 소중함이 더해지기도 한다. 일상에 쉼표를 찍는다. 홀로 생각하고 뜻밖의 난관에 부딪히기도 하며, 평범한 일상이 새롭게 다가온다. 숙소에 꽂혀 있던 작은 책이 마음에 동요를 일으켰고,

뜻밖에 만난 수채화로 묻어두었던 작은 소망의 문을 열었다. 혼자만의 여행으로 꿈의 파동을 잡을 수 있었다. 혹여 아무 일이 일어나지 않아도 여행은 그 자체로 커다란 쉼이다. 오늘의 쉼표가 내일을 어떤 변화로 이끌지 누가 알 수 있을까.

"내가 존재한다는 것은 삶이 나에게 묻고 있다는 것이다." 칼 융의 말처럼, 나 자신은 세상을 향해 던져진 하나의 질문이다. 그 물음에 세상이 주는 답대로 살 것인가? 나에게 묻고 나만의 답을 제시하며 나의 삶을 살 것인가? 질문의 답을 찾아 나의 시간을 보내다 보면, 깊은 울림을 얻을 수 있지 않을까? 혼자만의 여행을 통해 본연의 나를 더 깊이 이해하고 발견하게 되었다. 원하는 꿈을 향해 성장하고 변화할 기회를 찾을 수 있다. 홀로 떠나는 여행이었기에 가능했다.

쓰기_'지니'를 만나는 가장 쉬운 방법, 모닝 페이지

사람들은 '나'를 들여다볼 겨를 없이 바쁘게 살아간다. 코로나 팬데 믹으로 삶의 방식과 태도까지 모든 면에서 변화가 요구되었다. 언택트 문화는 본격화되었고, 온라인을 통한 초연결 사회가 되어갔다. 급속한 환경의 변화로 모든 것이 더 빨라지고 급변하다 보니 차분하게 생각할 여유가 없어졌다.

온라인 수업이 대중화되면서 우리 앞에 주어진 선택지는 셀 수 없이 다양해졌다. 미래의 비전을 위해 중심을 잡아야 했다. 하루가 다르게 올라오는 정보에 과부하가 될 지경이다. 다양한 디지털 기술을 익히기도 해야겠지만 먼저, 선행되어야 할 일이 있었다. 내가 원하는 가치와 방향에 맞는 삶을 살아내는 것이다. 그러기 위해선 나를 관리하고 돌보는 일이 시급했다. 아이들과 행복하기 위해선 내가 먼저 '행복'해야 했다.

매일 아침 끄적이는 글을 쓰기 시작했다. 그 시작이 모닝 페이지다. 이른 새벽 모닝 페이지는 있는 그대로 내면을 그려냈다. 줄리아 캐머런의 『아티스트웨이』에서 "모닝 페이지는 현재에 초점을 맞춤으로써 미래에 대한 희망을 품게 해준다."라고 말한다. 마음을 활자로 적어나가는 과정은 내면의 욕구와 상태를 명확히 보여주었다.

작년 초 온라인 모임을 통해 『아티스트웨이』를 만났다. 서로를 독려하며 한 주 동안 아티스트웨이에 관해 이야기를 나누며 다람쥐 쳇바퀴 같던 일상에서 소소한 변화를 시작했다. 매일 아침 '모닝 페이지'를 쓰며 하루를 시작했다. 그렇게 조금씩 우리는 아티스트가 되어갔다.

노트를 꺼내 제일 먼저 시작한 것은 긍정의 마음을 넣어주는 것이다. 그 첫 번째가 감사다. 얼마나 감사를 표현하며 살고 있는가. '감사합니다.' 말고 왜 감사한지 나를 이해시키는 과정이 필요했다. 감사는 최정윤 선생님의 『엄마를 위한 미라클 모닝』에 수록된 감사를 통해서였다. 선생님만의 진솔한 감사는 『비폭력 대화』에 근거한 감사였다. 덕분에 관계 안에서 감사를 표현할 때 순수한 마음을 전할 수 있었다.

『비폭력 대화』의 저자 마셀 박사는 감사를 표현할 때 단순한 칭찬보다는 구체적인 감사로 마음을 전하라고 이야기한다. 칭찬은 주관적인 판단을 포함하지만, 감사는 순수하기 때문이다. 다른 사람에게 고마움을 표하는 것도 오로지 순수한 마음으로 기쁨을 나누기 위해서다. 마셀 박사는 관계 안에서 감사를 표현할 때 다음의 3가지 요소를 활용하면 감사의 마음을 충분히 전할 수 있게 된다고 한다.

1. 우리의 행복에 기여한 그 사람의 행동.

2. 그 행동으로 충족된 나의 욕구.

3. 그 욕구들이 충족되어 생기는 즐거운 느낌.

마셀 박사의 제안처럼 대인관계에서 감사를 표현하는 방법을 참고해서 감사를 쓰기 시작했다. 반복되는 일상에서 '감사합니다'로 함축하기에는 한계가 있었다. 충족된 욕구를 관찰하는 구체적인 감사가 진술한 감사로 이어졌다. 감사를 제대로 표현하기 위해 위의 방법을 활용해서 감사를 적기 시작했다.

> "감사합니다"를 표현하는 방법이다.
>
> "당신이 ~ 했을 때, 나는 ~을 느꼈습니다. 그리고 내 ~한 욕구가 충족되었습니다."

'딸이 다가와서 꼭 안아주었을 때, 나는 반갑고 안정감을 느꼈습니다. 그리고 딸과 친밀한 교감을 나누고 싶은 욕구가 충족되어 평온하고 감사합니다.'

'바라던 일이 잘되었을 때, 나는 벅차고 기뻤습니다. 기간 안에 완성하고 싶은 나의 욕구가 충족되어 행복하고 감사합니다.'

감사는 조건이 없어야 한다. 그럼에도 불구하고 위 3가지 요소를 적용해서 감사의 의미를 드러내자 무심결에 흘러가던 것들, 너무도 익숙해서 당연하다고 생각했던 것들이 감사와 기쁨의 대상이 되었다. 평범한 일상이 더 소중하게 다가왔다.

감사의 긍정 에너지를 받아 모닝 페이지를 써 내려갔다. 하루를 시작하며 해야 할 리스트를 적기도 하고, 마음속 깊이 묻어두었던 앙금이나 상처가 떠오르면 아침의 에너지로 명료하게 정리했다. 모닝 페이지는 손으로 쓰는 것을 추천한다. 손으로 천천히 쓰다 보면 새로운 아이디어가 떠오르기도 하고, 미루었던 일들도 떠올랐다. 예를 들면 '아이들 관련 이슈들, 가족 여행, 집 안 정리, 건강 관리….' 무의식에 끌려오는 것들이 있다. 며칠 동안 계속해서 떠오르는 것들은 실행 계획을 세운다. 마음속 욕구가 드러나는 순간을 놓치지 않게 되었다. 작지만 변화의 시작이었다.

어렸을 때부터 단언할 순 없지만 떠오르는 직감의 소리를 듣곤 했다. 직감은 사전적 의미로 오감 이외의 감각. 일반적으로 도무지 알 수 없는 사물의 본질을 직감적으로 포착하는 심리 작용이다. 이 여섯 번째 감각이 직감이다. 직관이든, 떠오르는 아이디어든 우리는 모두 창조성을 지니고 태어났다. 사회의 틀 속에 사느라 잠시 나를 잊고 살았는지 모른다. 일에 치여 사느라, 엄마로서 살아내느라, 나보다 가족을 돌보느라, '내 목소리' 듣기를 주저하고 거부했는지도 모른다. 아침에 쓰는 글을 통해 나의 목소리에 귀 기울여본다. 글을 쓰는 행위는 지쳐 있던 나에게 그날의 의미와 은총을 발견하도록 도와주었다. 모닝 페이지는 지금, 이 순간에 초점을 맞추어 '나의 인생'을 살도록 이끌어주고 있다.

내가 그랬던 것처럼, 육아하는 엄마들에게 내가 쓰는 모닝 페이지를 권하고 싶다. 이 글을 쓰며 내면의 숨어 있는 욕구를 풀어내어 평화로운 마음이 더해지면 좋겠다. 더불어 기록을 통해 떠오르는 아이디어를 붙잡아줄 수 있는 창조적 글쓰기로 '지니'를 불러본다.

다음은 내가 썼던 모닝 페이지 활용 방법이다.

첫 번째, 감사 3가지를 쓴다.

처음 모닝 페이지를 쓸 때 무엇을 써야 할지 망설였다. 감사를 적는 것부터 시작했다. 막연한 감사가 활자로 표기되니 더 명료한 감사로 다가왔다. 주변 사람, 자연, 현상 등 감사 3가지를 적었다. 대상을 정하고 감사 일기를 쓰는 방법은 위에서 이야기한 대로 내게 충족된 욕구와 느낌을 표현하며 구체적으로 적으려고 노력한다. 당연하다고 생각했던 일상을 감사로 표현하기 시작하자 그 깊이가 더해졌다. 건강하게 아이들과 맞이하는 오늘이 얼마나 감사한지, 감사 일기를 쓰면서 깨닫기 시작했다. 일상의 소소한 것들이 더 소중하고 애틋하게 다가왔다. 감사로 시작한 글은 아침을 맞이하는 아이들을 향해 미소 짓게 했다.

두 번째는 그냥 쓰는 것이다.

나를 직면하는 글이다. 아침마다 적나라하게 심경의 변화를 적어나갔다. 이때 자기 검열은 하지 않았다. 무엇보다 손으로 쓰는 게 효과가 좋다. 종이 위에 마음껏 쓴다. 맞춤법도 잊고, 예쁘게 쓰려하지도 않는다. 육아 스트레스는 다른 일과는 다른 힘듦이다. 여러 문제가 겹쳐서 나타나는 일이므로 세세하게 나를 관찰할 때 육아도 내가 원하는 방향으로 그림을 그릴 수 있게 된다. 반복되는 문제를 발견하면 글을 썼다. 남이 아닌 자신에게 질문하고 경청해나가면서 내 원칙대로 살아갈 힘을 얻게 되었다. (4-8, 내 변화를 위한 질문 참조)

세 번째는 하루를 계획할 수 있었다.

플래너로 시간 관리를 하더라도, 모닝 페이지는 하루의 시작을 가장 생산적으로 만든다. 내가 정한 우선순위에 따라 시간을 쓸 수 있다. 온전히 내 시간을 쓰는 것이다. 글을 쓰다 보면 문득 떠오르는 것이 있었다. 자유로운 글 안에서 뭔가 이끌리듯 끄적이게 된다. 그게 나를 이끄는 마음의 소리일 수 있다. 모닝 페이지를 쓰던 초반에는 계속 '정리'라는 단어가 떠올랐다. 당시 식탁에 앉아 모닝 페이지를 쓰다가 거실을 바라보았다. 아이들이 놀던 레고가 거실 바닥 여기저기에서 굴러다니고, 읽던 책들이 테이블에 펼쳐져 있었다. 미루고 있어 그랬는지 모르지만, 제일 필요한 것이었다. 어수선한 책상에 앉았을 때 머릿속도 어수선해지곤 했다. 머리가 복잡할 때 주변을 깨끗하게 정리하면 엉켜 있던 머릿속도 가지런히 정리되는 듯했다.

아침마다 '모닝 페이지'로 '나의 목소리'를 듣는다. 의식의 흐름에 맞게 그냥 쓰는 것이다. 손이 나를 이끌 때도 있고, 아무것도 써지지 않을 때도 있었다. 하루 한 줄을 쓰든, 몇 페이지를 쓰든, 매일 쓰는 데 의의가 있다. 일단 써보고, 쓰고 나서 차분히 생각하면 된다. 솔직하고 진솔한 나의 마음을 본다. 드러나지 않은 나의 내면을 관리하는 마음 친구 '지니'라고 생각했다. 때론 상처받은 나의 마음을 돌보기도 했다. 별일 아니라고 묻어두고 덮어주었던 것까지도 드러내어 토닥이고 닦아냈다. 보여주기 위한 글도 평가받기 위한 글도 아니므로 올라오는 감정을 토로하기도 하고, 그런 나를 위로하기도 했다. 쓰다 보면 누구보다 '나'를 알게 된다. 다른 누군가가 아닌 내가 나를 돌보는 이 여정이 나를 더욱 단단하게 만들고 있었다. 나를 믿고 지지해줘야 할 사람은 바로 나이기에 나를 관찰하는 글로 내면의 '지니'와 대화가 필요했다.

우리에게 간절히 필요한 창조성에 관해 줄리아 캐머런은 다음과 같이 이야기했다. "창조성은 호흡 같은 것이어서, 누군가 도움을 줄 수도 있지만 결국 자기 힘으로 이루어내야 한다." 인생 여정은 결국 혼자 내디뎌야 하는 길이다. 누구보다 나의 목소리에 귀 기울여 경청하는 글쓰기로 나만의 창조성을 끌어낸다. 노트 위에 '감사'로 풀어낸 '내면의 진심'이 모여 오늘을 더 '소중'하게 엮을 수 있다. 변화하는 시류에 흔들리기보다 소소한 일상에 정성을 다하길. 내 앞에 펼쳐진 인생의 퍼즐이 원하는 방향이 되도록, 정성을 다해 맞춰 나아가길.

4

돌봄_건강을 위한 나의 선택 3가지

코로나 팬데믹을 겪으면서 건강은 우리 시대 가장 중요한 화두가 되었다. 건강의 사전적 의미는 정신적, 육체적으로 아무 탈이 없고 튼튼함을 말한다. 의지와 무관하게 체력이 떨어지면 정신력도 같이 무너져 버린다. 전면 등교가 어려웠던 시기에 아이들과 집에 있으면서 어떻게 하면 건강을 유지할 수 있을까가 관건이었다. 활동 반경이 제한적이니 가족의 건강은 중요한 이슈로 떠올랐다.

코로나 감염 경로가 비말·접촉 감염으로 알려졌기에 외출이 꺼려졌다. 햇살 좋은 오후, 산책이라도 하고 돌아온 날에는 현관 앞에서부터 옷을 벗었다. 외출복은 모두 세탁기에 넣고 샤워해야 했다. 그만큼 코로나바이러스는 두려운 존재로 다가왔다. 번거로운 일이 계속되니 아이들은 밖은 위험하다며 나가려하지 않았고, 집에 있는 것을 더 좋아했다. 집에 머무르는 시간이 많아지자 활동량은 점점 줄어들었다.

건강을 유지하기 위해서는 적절한 운동과 휴식, 균형 잡힌 식사, 수면 등 몸을 돌보는 것에서 시작된다. 하루 세 번의 식사와 간식을 챙기며 엄마들이 힘들었던 게 사실이다. 식사 못지않게 운동도 절실했다. 중요성을 알기에 신경 써 챙겨야 했다. 나름 건강을 위해 다음과 같은 '비저너리 건강 습관'을 만들었다.

첫 번째, 아이들과 홈트레이닝을 했다.

운동의 사전적 정의는 몸을 단련하거나 건강을 위하여 움직이는 일이다. 세계 최고들의 기록인 『타이탄의 도구들』에서 나오는 매트 뮬렌웨그는 하루에 딱 1회 팔굽혀펴기를 한다. 그는 "목표와 계획을 세울 때 가장 중요한 것은 변명의 여지를 없애는 것"이라며 "아무리 삶이 힘들고 바쁘더라도 하루에 팔굽혀펴기 1회를 못할 만큼 힘든 상황은 없다."라고 이야기한다. 맞다. 운동할 시간이 없다기보다 귀찮거나, 하고 싶지 않기 때문이다. 1회 팔굽혀펴기처럼 일상 속 작은 운동 습관을 키우는 것은 어렵지 않다. 혼자보다 함께 하면 지속하기도 쉽다. 아이들과 함께하기 위해서는 재미도 있어야 했다. 신나게 할 수 있는 대안이 홈 트레이닝이었다. 나른한 오후 2시에 아이들과 거실 모니터 앞에 섰다. 운동 영상에는 유산소 운동부터 스쿼트, 런지 등 따라 하기 쉬운 동작들이 경쾌한 음악과 함께 나왔다. 거실 매트 위에서 큰아이가 좋아하는 'BTS 음악'에 맞춰 신나게 따라 했다. 아이들 이마에 송골송골 땀이 맺혔다. 햇살 좋은 날에는 집안의 창문을 다 열었다. 거실 바닥에 햇살이 드리웠다. 비타민 D를 받겠다며 다리를 드러내놓고 이 방 저 방으로 운동 반경을 넓혔다. 운동 영상은 짧게는 10분에서 길게는 1시간이 넘게 다양했다. 일주일에 세 번 아이들과 함께 홈 트레이닝으로 몸에 활력을 주었다.

두 번째는 적절한 수면이다.

성인의 적정 수면시간은 7~9시간이다. 미국 질병 통제 예방 센터와 수면 재단에 따르면, 아침에 일어나서 피곤하지 않고 낮 동안 졸리지 않게 생활할 수 있는 시간을 적정 수면 시간이라고 밝혔다. 개인마다 적정 수면 시간을 파악하는 게 우선이다. 아이들은 일찍 재우며 푹 자도록 했다. 문제는 나였다. 아이들을 재우고 다시 일어나서 집안일을 하거나, 미뤄둔 일을 하다 보면 12시를 훌쩍 넘기는 날이 많았다. 온라인 강의들이 활성화되면서 배우고 듣고 싶은 강의들이 많아졌다. 저녁 강의를 듣고 새벽 기상을 하며 잠을 줄이니 5시간을 못 자는 날이 많았다. 머리가 맑지 못하고, 피로가 쌓여만 갔다. 해야 할 일은 많은데, 잠을 줄이다 보니 생각만큼 효율적이지 않았다.

미국 캘리포니아 대학 연구팀이 하루 6시간 이하로 잠을 적게 자는 사람은 7시간 이상 자는 사람보다 감기에 걸릴 가능성이 4.2배 높다고 했다. 잠을 충분히 자야 면역 체계가 제대로 작동한다는 것을 보여준 결과다. 수면이 부족하면 몸의 전반적인 기능이 저하된다는 것을 몸소 느꼈다.

한창 공부하던 시절, 이삼일을 꼬박 새우고도, 다음날 푹 쉬면 바로 회복되었다. 하지만 엄마가 되고, 나이가 들어가면서 체력은 한없이 떨어졌다. 이럴 때일수록 푹 자면서 피로를 풀어줘야 하는데, 잠자는 시간이 아깝게 느껴졌다. 수면의 중요성은 알면서도 잘 지켜지지 않았다. 하루 일정을 마무리하고 잠자리에 누우면 뭔가 아쉬웠다. 스마트폰을 들여다보면 어느 순간 시간은 훌쩍 지나갔다. 밤에는 뇌에서 수면을 유도하는 '멜라토닌'이 분비되는데, 스마트폰의 빛을 오래 쐬면 멜라토닌 분비를 억제하고 몸을 긴장시켜 잠들기 어렵게 했다. 질 좋은 수면을 원한다면 잠자리 스마트폰은 최대한 멀리 두는 것을 원칙으로 해야 할 일이었다.

현재 나의 수면 시간은 특별한 경우가 아니면, 아이들을 재우고 늦어도 10시에는 누우려고 한다. 새벽 4시~5시경에 일어나니 하루 6시간을 잔다. 왜 이렇게 일찍 일어나느냐 묻겠지만, 새벽 시간의 고요함을 활용하고 싶기 때문이다. 뇌과학자들이 추천하는 가장 효과적인 시간은 아침 일찍 일어나는 것이다. 초기에는 알람을 맞추고 잠이 들었으나 지금은 저절로 눈이 떠진다. 뇌가 가장 맑은 시간대에 나의 시간을 보내고 싶어서다. 새벽 시간은 알차게 쓰고 있었으나, 늦은 오후가 되면 피로가 몰려왔다. 저녁 시간이 되면 몽롱한 상태로 정신이 맑지 않았다.

세 번째는 짧은 낮잠을 즐겼다.

친정 엄마의 일상은 단순했다. 아침 4시에 기상, 기도와 성경 필사를 하며 하루를 시작하셨다. 아침 준비에 정성을 쏟으시고 집 안 정리를 마치면 오전 11시가 된다. 어김없이 소파나, 침대에 누워서 짧은 낮잠을 주무신다. 물론 젊은 시절엔 절대 눕지도 않았고, 그 휴식은 15분을 넘기지 않으셨다. 달리 알람을 맞추고 눕는 것도 아닌데, 딱 15분이면 일어나셨다. 그렇게 잠시 쉬고 나면 활기차게 오후 시간을 보내셨다.

온종일 쌩쌩하다면 필요 없겠지만, 만성 수면 부족이거나 나처럼 새벽 기상을 하는 사람들에게 좋은 대안이다. 바로 '파워 낮잠(Power Nap)'이다. 미국 코넬대 사회심리학자 제임스 마스의 제안이다. 잠깐의 낮잠으로 뇌 기능뿐 아니라 일의 능률과 처리 능력까지 끌어올린다는 것이다.

미국 캘리포니아 심리학과 사라 메드닉 교수는 20~30분간의 낮잠에 다음과 같은 효과가 있다고 밝혔다. 낮잠은 오후부터 떨어지는 기억력을 다시 높여주고 생산성, 기민성, 정확성이 증가한다는 사실을 밝혀냈다. 피곤한 몸을 이끌고 일에 매달리느니 잠깐의 낮잠으로 위와 같은 효율성을 높일 수 있다.

하루 중 나의 피로도를 파악해볼 수 있다. 그동안 나는 낮잠을 자면 저녁잠에 방해받았다. 그런데 새벽 기상을 시작한 뒤로 오후가 되면 피로가 몰려오고 집중력이 떨어지는 것을 실감했다. 그래서 이젠 '파워 낮잠'을 즐긴다. 집중력이 떨어지거나 피로가 몰려올 때는 곧바로 15분 알람을 맞추고 휴식을 취했다. 소파에 편하게 앉거나, 침대에 누워서 몸을 자연스럽게 이완한다. 잠이 들 때도 있고 그렇지 않을 때도 있지만 이렇게 쉬고 나면 몸이 한결 가뿐했다. 아이들과 홈 트레이닝을 한 날에는 피곤하지 않았다. 몸을 움직이지 않은 날엔 피로가 몰려왔다. 그런 날엔 어김없이 '파워 낮잠'을 취한다. 하루 15분 휴식으로 활기찬 오후를 보낼 수 있다.

우연히 신문에서 100세 시대를 상징하는 김형석 교수를 접했다. 지금도 현역 때처럼 왕성한 활동을 하는 그의 건강 비결은 3가지다. 낮잠 30분, 수영 30분, 숙면 8시간, '무리하지 않는다.'라는 원칙을 고수하고 있었다. 모든 것이 점점 빨라지고 경쟁이 치열한 시대다. 모두가 열심히, 자신의 꿈과 목표를 향해 질주하고 있다. 몸과 마음을 혹사할 정도다. 불안하고 위태로워 보인다. 성공도 좋고 성장도 좋지만, '무리하지 말아야.' 한다. 자신을 지켜야 인생도 있고, 의미도 있다. 나에게 쉼을 선물한다. 자주 쉬어주는 것이 더 멀리 갈 수 있는 지름길이다. 건강한 정신을 위해 몸과 마음을 들여다볼 때다.

5

관계_내가 사랑하고 나를 사랑해주는 사람들

"나는 귀 기울여 듣는 것을 좋아한다. 나는 주의 깊게 들으며 상당히 많은 것을 배웠다. 대부분 사람들은 절대로 귀 기울여 듣지 않는다." 어니스트 헤밍웨이의 말처럼 많은 사람들은 다른 사람들의 말을 귀 기울여 듣지 않고 별로 관심도 없다. 우리는 내 이야기에 귀 기울여줄 누군가를 찾고 있다. 어릴 적 아이였을 때부터 성인이 된 지금도 마찬가지다. 나에게 귀 기울여주는 단 한 사람이 있는가?

유리는 색종이로 미니카를 접어서 나에게 달려온다. "엄마 이것 보세요.", "와 잘 만들었다. 솜씨 좋은데!" 엄마의 반응에 기분 좋아진 꼬

맹이는 함박웃음을 보인다. 기대에 만족한 아이는 수시로 종이접기를 한다. 즐겁고 행복하게. 아이들의 꼬물꼬물 글씨, 서투른 그림만 보아도 "와! 멋지다. 근사한걸!", "어떻게 그린 거야? 웃는 그림을 보니 엄마도 즐거워지네." 찬사가 끊이질 않는다. 아이들에겐 유난스럽게 칭찬한다. 그런데 우리는 서로에게 어떻게 반응하는가?

주중에 아이들과 간소하게 식사하다가 일주일에 한두 번 남편이 일찍 퇴근하는 날에는 식단에 신경을 쓰곤 했다. 그날도 없는 솜씨를 발휘해서 '찜닭'을 했다. 당면을 뜨거운 물에 불려두고, 감자와 고구마를 기본으로 당근과 초록빛 파를 넣어 식감을 높였다. 버섯도 넣고 고소한 통깨도 뿌리며 맛있게 식사를 준비했다. 남편을 위해 밑반찬을 가지런히 내어놓고 식탁을 차렸으나 별 반응이 없다. "어때? 맛있지!", "응." 참 맥없는 대답이다. 그 아빠를 닮아 그런지 아이들도 별말이 없다. 기껏 물어봐야 "맛있어요." 정도다. 늘 표현이 없는 남편을 볼 때마다 요리할 맛이 안 난다. 그나마 막둥이 녀석만 유독 표현을 잘해준다. "엄마 맛있어요. 더 있어요?" 우리 막둥이 유리의 최고의 찬사다. 덕분에 남편에게 서운했던 마음에 위로가 된다.

나의 편이 되어 격려하고 응원해주는 사람이 곁에 있는가? "창조적 존재로서 우리의 주요한 욕구 중 하나는 지지이다. 우리가 창조적 시도를 시작할 때는 더욱 그렇다." 줄리아 캐머런의 말처럼 무언가 새로운 것을 시도할 때 우리에게 필요한 것은 진심 어린 격려와 지지가 아닐까. 우리가 아이들에게 보내는 격려처럼 우리도 서로에게 응원해주는 사람이 되면 어떨까?

학창 시절 나에게 지지를 보내주었던 사람으로 친구를 떠올렸다. 순수하고 예쁜 그녀는 고교 시절 단짝 친구였다. 대학 졸업 후 각자 직장 생활을 했고, 가정을 꾸려가느라 연락이 뜸했다. 그래도 아이들 돌잔치며 어려운 일이 있을 때는 언제든 찾아와주던 고마운 친구다. 학창 시절부터 서로의 가정사와 현재의 삶까지 섬세하게 알고 있는 친구다. 오랜만에 친구에게 연락했다. 가족들과 지인들에게 나의 강점을 물어보던 시기였다. 내가 과거에 어떤 친구였는지 궁금해하며, 무턱대고 나의 강점을 물어보았다.

"네가 볼 때, 나는 어떤 강점이 있는 것 같아?"

"인상으로 이야기하자면 환한 미소!"

"미소."

"언제나 잘 들어주지."

"학교 다닐 때도 그랬나?"

"시간 날 때마다 네가 고민 들어주고 그랬잖아."

"생각난다. 하하~. 편지도 종종 주고받았는데…."

"그런데 갑자기 강점을 물어봐?"

"요즘 코칭 공부를 하고 있는데, 내가 찾던 일인 것 같아서."

"코칭이 뭐야?"

"대화를 통해, 개인의 능력을 최대로 발휘할 수 있도록 변화와 성장을 돕는 사람."

"상담 같은 건가? 너랑 잘 어울린다. 멋지다 내 친구!"

나와 어울린다는 그녀의 한마디에 기운이 났다. 나는 소통하는 게 좋았고, 나의 강점을 잘 이해하고 있는 친구가 있어서 마음이 든든했다. 가볍게 통화를 마치고 다시 만났다. 인생 후반전을 어떻게 살아갈지 그녀와 이야기를 나눴다. 그녀는 교회, 나는 성당을 다닌다. 비록 소속은 다르지만, 나누는 삶을 추구하는 방향은 같았다. 그녀는 '의료봉사'로 나눔의 비전을, 나는 '예술인 마을'이라는 꿈을 꾸고 있었다. 속 깊은 대화로 미래의 청사진을 주고받았다. 나누고 봉사하려는 공통의 지향점을 발견하고 그녀를 지지해주었다. 그녀 또한 나의 꿈에 새로운 아이디어를 더해 나의 예술인 마을에 그녀의 병원도 더해지길 소망했다. 그녀 덕분에 나의 위대한 꿈에 한 발 내딛는 계기가 되었다. 설레는 마음으로 충만감이 밀려왔다. 친구에게 연락하길 참 잘했다.

자매 중에도 유독 대화가 잘 통하는 언니가 있다. 아이들이 아프거나, 힘든 일이 생기면 언제나 자문하게 되는 든든한 언니다. 이번 책을 쓸 때도 마찬가지였다. 조심스러운 마음으로 언니에게 마음을 열었다. "책을 쓰고 싶어서 생각 중이야. 지난 시간을 정리하고, 꿈을 향해 나아가고 싶다."라고 했을 때, 우려와 달리 언니는 "좋은 생각이야. 엄마의 기도! 이런 제목은 어때?"라며 나보다 더 나를 응원해주었다. 뒤늦게 아이 셋을 키우는 동생을 위해 물심양면으로 도와주는 고마운 언니다.

한 온라인 모임에 참여했었다. 온라인 지인이었던 최정윤 선생님은 『엄마를 위한 미라클모닝』의 저자다. 이 책이 계기가 되어 나도 글을 쓸 수 있다며 독려해주었다. 그녀가 추천한 '자기 경영 노트'라는 온라인 모임은 『독서교육 콘서트』의 저자 김진수 선생님이 운영하신다. 학교 선생님들을 대상으로 독서, 기록, 글쓰기, 책 쓰기를 장려했다. 꾸준한 독서와 글을 쓰고 싶어서 함께 하게 되었고, 정기적인 모임을 하며 시너지를 주고받았다. 처음 뵌 선생님도 개인 카카오톡을 통해 관련 자료를 보내주었다. 오프라인 모임도 함께 했다. 서로에게 좋은 영향을 주는 연대가 있다는 것은 삶을 풍요롭게 한다. 온라인 모임이 오프라인으로 연결된 모임이었다. 이 글을 쓰게 된 원동력을 선물해주었고, 새로운 사람들을 통해 든든한 지원을 받은 감사한 모임이다.

온라인 모임이 많다. 비슷한 관심사를 가진 사람들로 형성된 모임들이다. 독서, 육아, 경제 등 서로의 니즈를 채우기 위해, 공감대를 형성하고 소통하며 정서적 유대감을 나누게 된다.

새로운 것을 시도하는 사람에게 건네는 따뜻한 격려와 지지는 다음과 같은 장점이 있다.

첫 번째, 용기가 배가 된다.

두 번째, 결속력으로 더 친밀한 사이가 된다.

세 번째, 공통의 관심사로 새로운 유대가 형성된다.

내가 진정 원했던 것은 관계 안에서 용기를 줄 수 있는 따뜻한 '격려'였다. 이 단순한 격려와 지지가 나를 움직이게 하는 단초 역할을 했다. 친구의 믿음과 언니의 응원, 공통의 관심사로 만들어진 모임 안에서 독려받았다. 인생을 살아가면서 단 한 사람만이라도 응원해주는 누군가가 있다면 그 인생은 더 나아질 것이다. 나를 응원해주는 사람이 없다면, 내가 누군가를 격려해줄 수도 있다. 우리는 결국 서로에게 영향을 주고받는 존재이기 때문이다. 흔히 사랑을 이야기할 때 받는 사람보다 주는 마음이 더 풍요로워진다고 한다. 관계 안에서 서로 믿어주고 지지해주는 것은 그 무엇과도 비교할 수 없는 커다란 축복이다.

현재, 또는 과거에 나를 지지해주던 사람을 찾아볼 수 있다. 인생 시기별 나만의 리스트를 만들어본다. 먼저, 나에게 애정을 가지고 나를 믿고 응원해주던 사람을 적어본다. 10대, 20대, 30대, 시기별로 떠오르는 사람이 있을 것이다. 두 번째, 용기 내어 문자나 연락을 취해본다. 마지막으로 직접 만나서 마음을 열고 이야기를 나눈다. 만나기 어렵다면 연락만으로도 충분하다. 스마트폰과 SNS 덕분에 마음을 전하기 충분한 도구들이 많다. 우리는 관계 안에서 믿음과 응원으로 삶이 윤택해진다는 것을 잘 안다. 삶에서 맺어진 관계를 의식적으로 구축해 나가는 것이 무엇보다도 중요한 시대다.

사랑하는 사람들에게 받는 격려와 지지는 실행력을 높인다. 우리는 격려를 받거나, 다른 사람과 새로운 관계를 맺기 위해 마음을 열게 된다. 서로의 격려안에서 행동하려는 의지를 보여준다. 상대에게 격려를 보내면 그 보답으로 새로운 신뢰가 형성된다. "우리가 다른 사람에게 다가갈 때 우리 사이에 진정한 다리를 세운다. 유대 관계에 관한 약속으로 가득한 다리를 말이다." 줄리아 캐머런의 말이다. 유대 관계 안에서 각기 다양한 격려의 다리들이 세워지길. 그 다리 위에 변화와 성장은 덤으로 생기지 않을까?

6

가치_나를 발견할 기회, 터치스톤을 터치하다

육아로 인해 전공했던 일은 쉬고 있을 때였다. 다른 것들을 배우느라 분주한 나를 보며 언니가 물었다.

"좋아하는 일을 하며 살아가는 사람은 얼마나 될까?"

글쎄, 생각해본 적이 없는 질문이었다. 주변 사람들을 떠올려보았다. 대학 전공으로 직장을 다니고 있는 남편을 시작으로 전공과 유사한 일을 하는 사람들도 있고, 전혀 관계없는 일을 하는 사람들도 많다. 그렇다면 그 대학이라는 것을 본인이 원하고 좋아해서 간 것일까? 거의 성적에 맞추거나 주변의 권유로 간 경우가 허다하다.

"나는 사진 찍는 걸 좋아했어."

언니는 재수해서 약대에 합격했고, 박사 학위까지 땄다. 지금은 대학에서 학생들을 가르치고 있다. 겉으로 보기에는 남부러울 것 없는 조건이다.

"사진이 더 끌렸는데, 용기가 없었나 봐."

지금 하는 공부도 보람되지만, 뭔가 늘 아쉬웠다며 쓴웃음을 짓는다.

"좋아하는 게 있다면 그걸 해. 거기서 시작하는 게 맞는 거 같아." 언니의 진심 어린 조언이다.

'내가 좋아하는 것이 무엇일까? 좋아하는 것을 명확하게 이야기할 수 있는 사람은 얼마나 될까?'

『아티스트웨이』의 저자 줄리아 캐머런은 우리 자신이 누구인지를 기억하기 위해서 '정말로 좋아하는 것 25가지 목록인 터치스톤(touchstone)'을 만들라고 한다. 터치스톤의 사전적 의미는 가치, 능력, 역량 따위를 알아볼 수 있는 기준이 되는 기회나 사물을 비유적으로 이르는 말이다. 내가 좋아하는 것이 무엇인지 적어봤다. 지극히 개인적일 수도 있는 이 과정을 통해 차분히 우리 자신을 돌아볼 수 있다. 캐머런은 우리가 좋아하는 것을 기억할 때, 우리 자신의 진정한 '가치'를 발견하게 된다고 조언한다. 우리가 좋아하는 것으로부터 너무 멀어졌다면, 얼마나 멀리 왔는지 가늠해봐야 한다.

지금 떠오르는 것으로, 좋아하는 것 20가지 목록인 터치스톤과 어떤 감정이 드는지 기록해보았다.

0	좋아하는 것	감정
1	새벽 홀로 마시는 커피 한 잔	흡족함
2	노트에 생각을 끄집어낼 때	자유로운
3	청소, 정갈하게 정돈된 상태를 볼 때	상쾌한
4	따뜻한 물로 샤워할 때	긴장이 풀리고 안정된
5	책을 읽으며 영감을 받을 때	신나고 짜릿한
6	아이를 꼭 끌어안고 잠들 때	사랑스러운
7	아이들이 환하게 웃는 모습을 볼 때	유쾌하고 즐거운
8	좋아하는 사람과 마음을 나눌 때	소통으로 안심이 되는
9	핸드폰을 끄고 잔잔한 음악을 들을 때	안정되는
10	순수하게 대가 없이 나눌 때	기쁨
11	누군가를 도울 때	따뜻한
12	새로운 것을 배울 때	기운 나는
13	비 내리는 모습을 볼 때	차분한
14	글이 잘 써질 때	흡족한
15	해지는 노을을 볼 때	축복받은
16	바닷가를 맨발로 거닐 때	평온한
17	사랑하는 사람들과 만찬을 즐길 때	행복한
18	고요한 아침 홀로 명상에 잠길 때	충만감
19	아름다운 작품이나, 꽃을 볼 때	감동
20	시간 가는 줄 모르고 몰입할 때	희열감

위 목록을 통해, 새로운 것을 배울 때 기운이 나고, 이른 아침 명상에 충만감을 느끼며, 조건 없이 나눌 때 기쁨을 느낀다는 것을 명확히 알게 되었다. 내가 생각하는 삶의 가치와 내가 좋아하는 게 얼마나 닮았는지 반가웠다.

좋아하는 목록을 만들어 추가한다. 육아로 지칠 때 위 목록 중 하나를 나에게 선물해본다. 이유 없이 우울해질 때는 아이들과 뒹굴며 놀아본다. 생각만으로도 만족스럽다. 쓰는 과정에서 '아, 이런 것을 좋아하는구나.' 하고 발견하게 된다.

행복감을 즐기는 시간도 소중하지만, 새롭게 배우고 싶은 것이 있을까? 인생 전반전에 했던 일이나 배움을 잠시 내려놓고, 주변 사람의 기대를 잠시 접어두고, 자신에게 질문해본다.

1. 이 중에서 재미있게 할 수 있는 일이 있을까?

2. 시간 가는 줄 모르게 몰입했던 경험이 있을까?

3. 무엇을 할 때 살아 있음을 느끼는가?

좋아하는 것이 일이 되면 즐기지 못한다고 하지만, 그 일을 통해 자신을 알아가는 계기가 된다. 마음속으로 판단하거나 주저하기보다, 나 스스로를 믿고 긍정의 언어를 해주면 좋겠다. 우리 언니처럼 미리 포기하지 말고, 나를 이끄는 것, 내가 좋은 것, 그 일을 떠올렸을 때, 확신이 들거나 하고자 하는 욕구가 생긴다면 내가 가는 방향이 맞는 게 아닐까.

아이들은 좋아하는 일을 할 때 시간 가는 줄 모른다. 초등 2학년인 딸아이는 화가가 되고 싶다고 한다. 코로나로 종일 집에 있을 때는, 매일 아침 눈을 비비고 거실 테이블에 앉아 그림을 그렸다. 만화를 그리기도 하고, 어느 날엔 종이로 집을 만들기도 하고, 뭐가 그리 재미있는지 작업에 몰두했다.

지난 주말에도 테이블 위는 온통 그림 도구가 가득하다. 주변이 어지럽혀져 있다는 사실은 아랑곳하지 않고, 오직 자신의 그림에만 열중하고 있었다. 고개를 숙이고, 한 손에 색연필을 쥐고, 다른 손엔 연필로 무언가 그리고 있다. 색연필로 바꾸기도 한다. 가까이 다가가도 모른다. 지우개를 찾기도 하고, 가위로 쓱쓱 오리기도 한다. 그러다 갑자기 혼자 키득키득 웃는다. 뭔가 마음에 드나 보다. A4용지를 반으로 접어 만화책을 만들어 서로 돌려보며 낄낄거리고 웃는다. 잠시라도 여유가 생기면 그리고, 자르고, 접고, 붙이고, 만든다. 열정적으로 집중해 있는 모습을 보면 참 부럽기도 하다.

아이들은 생일과 어린이날을 손꼽아 기다린다. 갖고 싶은 것, 사고 싶은 것, 좋아하는 것, 심지어 먹고 싶은 것도 많다. 어느 날 막둥이 유리가 나에게 묻는다.

"엄마는 뭘 좋아해요? 뭐 먹고 싶어요?"

"…."

아이의 갑작스러운 질문에 선뜻, 좋아하는 것도 먹고 싶은 것도 떠오르지 않을 때가 있다.

터치스톤은 지극히 개인적이며 사람마다 다르다. 하루에 하나 내 마음속 터치스톤을 꺼내어본다. 우리는 빠르게 변화하는 세상에서 자신을 채근하며 몰아가고 있다. 더 부지런 하라고, 더 열심히 일하라고, 더 완벽한 엄마가 되라고 말이다. 그 어느 때보다도 여유로운 혼자만의 시간이 필요하다. 자신에 대한 분별력과 마음에 균형을 잃지 않아야 한다. 내 안에 지쳐 있는 마음을 회복하고 활기를 찾도록 나만의 터치스톤을 적어본다. 각각의 터치스톤 안에서 새로운 배움을 시작할 수도 있다. 이를 통해 자신이 '추구하는 가치'를 발견하게 된다. 내가 누구인지 더듬어본다. '이것을 좋아하는 나'가 있다. 하루에 한 번은 나를 기쁘게 해주자. 나를 기억해내며 '그 시간'을 즐겨보면 어떨까. 그 여정에 꿈을 좇는 나를 발견할 수 있다.

7

기준_매일을 꾸려나가기 위한 삶의 우선순위

신문이나 온라인을 통해 사춘기 아이들의 탈선을 종종 접하게 된다. 그 속내를 들여다보면 부모와 갈등으로 빚어진 문제가 대부분을 차지한다.

오래된 이야기다. 지인의 친구는 고교 1학년인 딸이 스스로 목숨을 버렸다고 한다. 하루아침에 하늘이 무너져버린 엄마는 어땠을까? 장례식장에서 그 엄마가 통곡하며 하는 말이 더 가슴 아팠다고 한다.

"따뜻한 밥 한번 차려주지 못했다."

고인의 엄마는 능력 있는 커리어로 새벽부터 늦은 밤까지 회사에서 인정받는 훌륭한 재원이었다고 한다. 무엇을 위해 그렇게 열심히 일했을까? 누구라도 한 번쯤 고민해보게 되는 질문이다.

여름휴가를 길게 다녀온 일이 있었다. 코로나로 집에만 있어야 했던 아이들에게 자연의 신선한 공기를 마시게 했다. 아이들은 그때의 추억을 꺼내곤 한다. 긴 일정을 내는 것은 좀처럼 쉽지 않았다. 평일 못지 않게 주말엔 더 바쁘다. 남편은 주말에도 회사 일정으로 운동을 하러 간다. 나 또한 주일학교 봉사를 하며 반나절은 성당에서 보낸다. 평일엔 더 그렇다. 동동거리며 바쁜 일상을 보내며 가끔 이런 생각이 떠오른다. '왜 이렇게 바쁜 걸까?' 한가한 엄마가 어디 있을까. 하루가 다르게 쏟아지는 정보를 탐색하고 걸러내느라, 맡은 일을 해내느라 바쁘지 않은 사람은 없을 것이다. 특히 아이들이 어린 육아 중인 엄마들은 더 그럴 테고, 하루하루 다들 최선을 다해 살아내고 있다. 이렇게 분·초를 다투며 열심히 살아가는데, 뭔가 중요한 것을 놓치고 있는 기분이다.

원인은 바로 이거다. 삶의 우선순위가 매번 혼재되기 때문이다. 흔히 일의 우선순위를 이야기할 때 떠오르는 아이젠하워의 시간 매트릭스에서처럼 급하고 중요한 일을 처리하느라, 급하지 않지만 중요한 일은 뒷전으로 미루며 무심히 보내고 있었다.

앞장에서처럼 새로운 것을 배울 때 기운이 났다. 배우고 싶은 것도 많았다. 엄마도 꿈을 꾸고 노력하는 모습을 보여주고 싶었다. 늘 책을 가까이하고 난을 치며 성실하게 살아가는 친정 엄마를 존경했던 것처럼, 아이들에게 멋진 본이 되고 싶었나 보다. 그러다 보니 나의 선한 의도와는 달리 바쁜 삶을 살고 있었다. 여유롭게 아이들 눈을 마주하는 엄마의 모습을 종종 잊곤 했다. 서두르고 재촉하는 엄마만 있었다. 내가 원하는 엄마의 모습이 아니었다. 일의 우선순위를 따져보아야 했다. 행복하고 즐거운 삶은 어쩌면 단순한 삶 속에 있는지 모른다. 하루하루 열정을 불태우며 살아가는 삶은 절대 복잡한 삶이 아니다. 매우 단순한 삶이다. 나의 일을 명확히 구분해서 중요한 일에 에너지를 쏟아야 했다. 우연히 도서관에서 『엄마로만 살지 않겠습니다』라는 제목에 끌려 읽다가 메그 미커의 글을 읽고 연계 독서를 이어갔다.

의학 박사이자 자녀 교육 상담가인 메그 미커는 『엄마의 자존감』에서 우선순위를 정하면 단순한 삶을 살 수 있다고 이야기한다. 여기서 말하는 것은 엄마 역할에 주안점을 둔 글이다. 우선순위를 명확히 하려면, 첫 번째, '자신에게 거는 기대'의 목록을 솔직하게 만들어보라고 한다. 두 번째, '마음속에 깊이 간직한 나를 위한 목표'를 목록으로 작성한 후 두 개의 목록이 어떤 차이가 있는지 비교해본다.

첫 번째 목록의 '자신에게 거는 기대'는 좀 더 나아지고 싶은 모습이 아닐까? 내 목록은 개인의 꿈과 기대치다. 성장을 위해 필요한 것들이다. 참고로, 책에는 절대 소리 지르지 않기, 체력 기르기가 예시로 나와 있다.

두 번째 목록은 '나를 위한 목표'로 바인더에 있던 꿈 리스트가 떠올랐다. 매번 급한 일들을 처리하느라 뒤로 미뤄졌던 일들이지만 삶에 중요한 일들이다. 미커 박사는 훌륭한 여성이자 엄마가 되려면 어떻게 해야 하는지 마음속에서 우러나온 항목들을 기술하라고 한다. 다시 작성했다. 엄마 관점에서 보면 나의 목표는 '아이들 감정 읽어주기', '화내지 않고 친절하게 말하기', '아이들과 시간 보내기', '자주 안아주고 사랑한다고 말하기', '존중하기' 등등 아이들과 소통하고 유대감을 높이는 일들이 대부분을 차지했다.

"첫 번째 목록을 찢어버려라. 두 번째 목록에서 제일 위의 3가지 항목만 남기고 다 지워보라." 마커 박사는 이 3가지야말로 자신에게 거는 가장 중요한 기대여야 함을 기억하라고 한다. '해야 하는 일'로 의무감에 사로잡혀 인생의 중요한 일을 놓치지 말라는 의미다. 마음속 깊이 하고 싶었던 본질적인 3가지를 최우선 순위에 두고 하루를 계획하라는 것이다. 우선순위를 분명히 하는 것은 '나는 딱 3가지만 지키면 된다고 스스로 허락'하라고 한다. 이 3가지를 제외한 일들, 이를테면 저녁 식사 준비가 소홀해도, 운동하지 않아도 죄책감을 느끼지 말라고 한다. 이 방법을 통해 온갖 마음속 잡음을 밀어낼 수 있다고 말이다.

그의 제안은 단순했다. 내가 정한 기준에 맞게 살면 된다. 내가 정한 3가지 우선순위 중 하나가 '화내지 않고 친절하게 말하기'였다면 어떠한 순간에도 이것만 지키면 된다. 아이들이 한껏 노느라 어질러진 거실은 눈감아 줄 수 있어야 한다. 정리 정돈을 못한다고 아이들에게 화를 낸 후에 죄책감을 느끼는 것이 아니라, 아이들의 마음을 읽어주지 못할 때 죄책감을 느껴야 한다. 깨끗한 거실은 나의 우선순위가 아니었다.

삶의 우선순위는 개인이 정한 기준에 기인한다. 현재의 삶에서 가장 중요한 게 무엇인지 우선순위를 정하는 것은 삶을 단순하게 한다. 가장 중요한 것이 급한 일에 밀리지 않아야 한다. 지금 여기서 행복해지도록 일상의 것들을 소중하게 바라본다. 급한 일만 하면서 살 수는 없다. 아이들과 함께하는 이 찰나를 감동하며 감사히 여기는 것이다. 급하지 않지만, 중요하다고 생각한 우선순위에 맞게 삶을 단순하게 꾸려간다. 꿈을 향해 주력할 수 있도록, 엄마의 선한 의도가 드러날 수 있도록, 그래서 '나'와 '아이들'이 더 빛날 수 있도록 말이다.

8

코칭_삶의 진보를 위한 6단계 과정

　무수한 정보들, 시시때때로 울리는 카톡의 알람과 급변하는 시대에 우리도 공부하고 변화해야 한다. 쏟아지는 정보를 분별력 있게 변별해야 하는 지혜도 필요하다. 그 지혜의 시작이 질문이라고 생각한다. 어느 순간이든 질문을 들으면 타당한 근거를 찾기 위해 고민하게 된다. 그 과정을 통해 해결의 실마리를 찾기도 하고 더 증폭된 사고가 시작되며 궁극엔 해결안을 내놓는다.

　코로나로 인해 언택트 시대가 빨라졌다. 그중 하나가 바로 온라인 모임이다. 덕분에 자유롭게 집에서 원하는 강의를 들을 수 있다. 일방적인 강의가 아니라면 소그룹 모임을 하게 되는데, 낯선 사람들과 만남은 신선하고 즐거운 일이다. 주로 대화를 주도하는 사람이 있곤 하는데, 듣는 것만으로도 많은 영감을 받을 때가 있다. 화자를 깊이 이해하고 공감하게 되는 계기가 된다. 고개를 끄덕이며 듣다 보면 시간이 훌쩍 지나갔다. 지혜로운 질문도 근사한 조언도 없이 그저 들어주었을 뿐인데, 마지막 소감 발표를 하며 감사하단다. 자문자답하며 마음을 풀어낸 것만으로도 속이 후련한 것일 수도 있다. 결과야 어떠하든 속내를 드러내는 과정 중에 스스로 답을 찾기도 한다.

나의 멘토는 친정 엄마였다. 지금도 그렇다. 크고 작은 일이 생기면 엄마에게 전화해서 묻곤 했다. 늘 방향을 제시해주던 엄마가 어느 순간 이렇게 말씀해주셨다.

"그 문제는 네가 더 잘 알 테니, 잘 생각해서 결정하면 좋겠다."

이젠, 내가 아이들에게 멘토링을 해줘야 하는 시점이 되었다. 그동안 들려주시던 친정 엄마의 지혜를 빌리고 싶다. 그 지혜의 시작은 경청과 질문이 아닐까.

경청과 질문의 도구를 사용해서 문제를 풀어나가는 방법이 있다. 바로 코칭이다. 생소할 수 있지만, 코칭이란 상대방과 나누는 대화다. 다시 말해, '주체적인 삶을 살아가도록 돕는 대화이다.' 코칭 교육에서 대화 중 경청은 '상대의 신발을 신는 것'이라고 표현한다. 쉽지 않은 일이지만, 상대방의 패러다임으로 전환해야지만 상대의 시선으로 문제를 경청하고 풀어나갈 수 있다. 코칭 철학을 접하고 가슴 설레었던 것 2가지가 있다.

첫 번째는 모든 사람에게는 무한한 가능성이 있다는 것에서 출발하는 것이다. 가능성을 믿고 시작하는 것과 그렇지 않은 것의 차이는 어마어마하다. 두 번째는 상대에게 필요한 해답은 그 사람 내부에 있다는 것이다. 상대방과 질문을 주고받으며 실마리를 풀어가지만, 모든 문제의 해답은 자신이 가지고 있는 경우가 많다. 그렇기에 그 답을 끌어낼 수 있는 환경과 적절한 질문이 있다면 대화 상대 없이 스스로 고민을 풀어나갈 수도 있다.

바로, 셀프 코칭이다. 위에서 제시한 코칭 철학처럼 스스로의 가능성을 믿고 자신에게 코칭할 수 있다. 고민이 있다면 대안을 찾고, 실행에 옮길 수 있도록 한다. 지금보다 나은 미래를 위해 우리 모두에게 필요한 도구다. 질문을 통해 내면을 탐색하는 과정에서 생각을 정리하고, 실천하도록 도움받는다. 스스로 던진 질문에 자신만의 답을 내는 것, 비로소 자신의 길을 찾아가는 것이다. 아래의 프로세스를 익힌다면 자신에게 던지는 질문을 통해 스스로 답을 찾아갈 수 있다. 내가 나에게 온전히 마음을 열고 진솔한 대화를 주고받으며 원하는 길을 가는 것, 이게 셀프 코칭의 장점이다.

다음은 (사)한국코치협회 인증을 받은 ㈜하우코칭의 AAA 코칭 프로세스이다.

How(상대 초점 맞추기), Awareness(자각하기), Adoption(선택하기), Application(적용하기) 과정이다.

1. Awareness(자각하기): 나의 욕구인 목표(주제)를 설정하고 현실을 자각할 수 있도록 돕는 질문이다.

2. Adoption(선택하기): 나의 기존 자원이 무엇인지 확인하고, 대안을 탐색하는 과정이다.

3. Application(적용하기): 위에서 대안을 탐색했다면, 계획을 수립하고 본인의 의지를 점검하고, 실행할 수 있도록 돕는다.

2021년 초 코칭 공부와 실습을 통해 12월에 한국코치협회 KAC를 취득했다. 아직도 배워야 할 것이 많지만, 스스로 던지는 질문과 진솔한 답을 찾는 과정에서 개인적인 소견으로 자격은 중요하지 않다고 생각한다. 상대에게 표현하기 어려운 문제나 상황들을 고려해볼 때 자신을 가장 잘 아는 '나와 대화하는 방법'으로 코칭의 도구를 활용할 수 있다. 오랫동안 고민해오던 문제를 풀어나가는 데 유용했기에 개인 사례를 소개해본다. 다음은 자격을 취득하기 전 실습해본 사례다. 각자의 상황에 맞게 질문을 조금씩 바꿔 활용해보면 좋겠다. 부족하나마 도움이 되길 바라는 마음이다. '내가 나에게' 질문했던 과정이다.

2021년 여름이었다.

큰아이 차니가 초등 1학년 때 독서 관련 수업을 들으며 지도사 자격을 취득했다. 우리 아이와 주변 친구들에게 독서의 즐거움을 알려주고 싶었으나, 쌍둥이가 어려서 망설이다 차일피일 미루게 되었다. 독서의 중요성을 절감하면서 이제 더는 미루고 싶지 않았다. 차니가 벌써 5학년이 되었고, 쌍둥이는 1학년이 되었기에 아이 친구들과 함께 진행해보면 어떨까.

1. 목표설정

나는 어떤 수업을 하고 싶은가?

왜 그 수업을 하고 싶은가?

'인공지능 시대에 우리 아이들에게 어떤 교육을 해야 할까?' 이 물음을 가지고 한동안 고민을 했었다. 『에이트:씽크』를 통해 "IBM, 마이크로소프트, 애플의 'How to think'의 공통점은 독서, 경청, 사색(토론)을 통해 자기만의 철학을 회사에 적용하고 실천"한 것을 알게 되었다. 이들처럼 'Think'하고 싶다면 어떻게 해야 할까? 'See the unseen' 할 수 있는 자세이다. 깊이 사유하고 질문하고 생각의 크기를 키워서 나만의 정체성을 확립해야 한다. 전제되어야 할 것이 '바른 가치관 확립'이다. 이를 위해 인간의 고유한 심성인 '휴머니티'와 '진정성'은 기본이 되어야 한다. 그 기본을 장착해줄 수 있는 것은 무엇일까? 그 해답에 가까운 것이 '독서'다. 『다시, 책으로』에서 메리언 울프는 "디지털 시대의 정보들은 편리함을 가져다주었지만, 주의력과 깊이 있는 사고를 거두어갔다." 급변하는 시대에 차분히 이루어지는 독서는 문장 속에서 감정을 느끼고, 타자의 시선으로 사고할 수 있게 도와주며, 문맥에 따른 유추와 추론을 통해 비판적 사고를 가능하게 한다고 독서의 효과를 이야기했다. 그중에서도 오랫동안 사랑받고 회자 되는 '인문학과 고전'을 꼽고 싶다. 문학, 철학, 역사 고전으로 인간의 양상을 통해 삶의 지혜와 통찰력을 키울 수 있다. 영상 미디어에 일찍 노출된 아이들일지라도 독서를 통해 주의력과 깊이 있는 사고를 키울 수 있다. 스스로 문제를 제기해보고, 질문해보는 과정, 자신만의 답으로 자기주장을 해보는 연습을 할 수 있다. 친구들의 의견을 수렴하고, 생각을 정리하는 과정에서 표현력과 비판적 사고를 배양할 수 있다. 아이들의 질문에는 정답이 없다. 스스로 선택한 답을 성실하게 만들어가는 것이 중요할 뿐이다.

> 수업을 통해 내가 정말 하고 싶은 것은 무엇일까?

아이들의 잠재력을 끌어내주고 싶다. 그 첫 번째가 인성이고, 두 번째는 자기 효능감을 키워주기 위한 지지자로 아이들과 더불어 성장하는 것이다. 가정에서 학교에서 관계 안에서 행복한 아이로 성장했으면 좋겠다. 『행복의 조건』에서 사람에게 가장 큰 행복을 주는 조건은 '사람'이라고 한다. 다른 조건보다도 '관계' 안에서 우리 아이들이 진정으로 '행복'했으면 좋겠다.

2. 현실 자각

> 현재 상태는 어떠한가?

코로나 덕분에 책을 읽고 소통하는 가정이 늘어나고 있다. 그러나 아이들과 수업해보면 어휘력뿐 아니라 유추와 추론하는 능력이 떨어졌다. 방송에서도 아이들의 문해력 문제가 대두되고 있다. 왜 그럴까? 디지털 정보들에 일찍 노출되어, 주의력과 깊이 있는 사고를 힘들어한다. 차분히 이루어지는 독서가 절실한 시대다. 일반적으로 독해 관련 문제지를 통해 어휘를 늘리고 있는 현실이다. 지문을 보며 주어진 질문에 정답 찾기를 하고 있다. 주체적으로 책을 읽고, 스스로 질문을 던지고 우문현답을 해보는 즐거운 독서가 이루어져야 한다. 어휘뿐만 아니라 질문을 품은 독서를 통해 스스로 배우는 태도를 익힐 수 있다.

3. 자원 확인

수업을 할 수 있는 나의 강점이나 경험은 무엇인가?

2017년도에 독서 토론 지도사 자격 취득 후 학교 실습을 마치고, 초·중·고등학교에서 관련 수업을 해왔다. 중학교 한 반에 서른 명이 훨씬 넘는 아이들의 독해력 차이를 실감하게 되었다. 질문을 만드는 독서는 내가 주체가 되기에 적극적인 독서의 시작이라고 할 수 있다. 인상 깊은 구절이나 재미있는 문장 찾기, 의문점 찾기, 새로운 대안 제시하기, 적용점 찾기 등 나만의 시각을 키워줄 수 있는 독서로 책의 몰입도를 높일 수 있었다.

여러 검사를 통해 나의 강점 중 제1순위는 '공감력'이라는 것을 알게 되었다. 아이들의 말과 글, 조용히 표현하는 신체 반응에 귀 기울여보면 그들의 마음이 느껴졌다. 나의 인생 영화, 〈죽은 시인의 사회〉에서 아이들 자신도 몰랐던 잠재력을 발견하도록 돕는 선생님, 로빈 윌리엄스가 한없이 멋있었던 영화다. 아이들의 가능성을 믿고 그렇게 대우하는 캡틴이 되어보면 어떨까. 마음 속 바람을 그려보곤 했다.

4. 대안 탐색

아이들과 어떻게 수업할 수 있을까?

대면 수업과 온라인 수업을 생각해볼 수 있다. 대면 수업이 좋지만, 코로나로 수업 참여율의 한계가 있다. 온라인 수업은 코로나는 물론, 참여하는 아이들의 지역에 제한이 없다. 일반적인 토론 수업은 여섯 명이 적정하나, 참여하는 모든 아이가 능동적으로 참여하도록 네 명 이하로 구성하자. 스스로 생각을 피력해보고 충분히 숙고할 수 있는 시간을 주자. 아이들은 주어진 질문에 익숙해져 있다. 책을 읽고, 친구들과 이야기 나눠보고 싶은 부분을 골라 질문을 만들어보게 하자. 질문을 만들고 또래 친구들과 의견을 나누며, 생각의 다양성을 경험해보게 하자.

5. 계획수립

가장 먼저 실천에 옮기고 싶은 건 무엇일까?

먼저, 독서 수업하고 있는 선배들에게 자문하기.

그다음엔 관련 도서 분석, 인문학 수업 듣기, 수업 계획안 짜기, 학년별 도서 구성, 수업안 만들기 등

마지막으로 학생 모집하기, 설명안 만들기 등.

6. 의지 확인

언제부터 실행할 것인가?

큰아이 친구들을 구성하여 1월 부터 수업을 시작한다.

블로그에 모집 글을 올린다.

코칭 결과

2021년 12월 말 블로그에 수업 공지를 올렸다. 블로그 이웃은 많지 않았지만, 이웃과 지인들의 자녀인 초등 4~6학년과 중학교 1학년 수업을 진행하고 있다. 겨울부터 고전으로 「명심보감」과 「논어」를 낭독하며 어휘와 해석에 초점을 맞추고 있다. 각자의 눈높이에 맞게 스스로 생각하고 삶의 기준을 세운다. 더불어 아동문학·고전을 읽고 질문을 만들고 의견을 경청한다. 다양한 질문을 통해 새로운 관점을 접하고, 공감하기도 하며 생각을 키워가고 있다. 기대 이상으로 서로에게 질문하고 나누는 것을 즐겨한

다. 아이들은 관계 안에서 성장한다는 것을 수업을 통해 실감하고 있다. 서로에게 선한 영향을 주는 수업으로 진행되어 뿌듯하다.

몇 해 전부터 아이들과 수업하고 싶었지만, 쌍둥이들이 어리고 여건이 안 된다고 생각했다. 생각으로만 그치고 움직이지 않았다. 아침에 글을 쓰며 셀프 코칭을 했다. 스스로 자문해보며, 탐색하고 답을 찾아가는 과정을 통해 실행 의지를 굳힐 수 있었다. 코칭은 질문을 통해 내가 원하는 것과 기존 자원을 탐색하도록 돕는다. 이 과정을 통해 나를 되돌아볼 수 있었다. 나아가 실천 의지의 질문을 통해 실행하도록 돕는다. 마음과 달리 움직여지지 않을 때 조목조목 써가며 의지를 다지고 실천하도록 도움받았다.

앤서니 라빈스는 "모든 인간의 진보가 새로운 질문에서 비롯된다." 라고 말했다. 질문하고 답을 찾아가는 과정에서 더 나은 행동을 추구할 수 있다는 뜻이다. 멘토는 멀리 있는 것이 아니라 바로 내 안에 있다. 나를 가장 잘 아는 사람은 나다. 자신에게 질문하고 답하는 습관이 인생의 '진보'를 만들어낼 것이다. 나와 직면하는 기회를 통해 꿈을 실천할 동기와 의지, 실행할 기회를 주었다. 우리에게 필요한 것은 외부의 유명한 멘토가 아니다. 하루 한 번 자신의 내면과 온전히 마주할 수 있기를.

내가 원하는 변화를 위한 질문

다음은 변화하고 싶은데 마음만으로 실행하지 못할 때 선택해볼 수 있는 귀한 질문입니다. (조용한 곳에서 차분히 생각해보세요.)

질문) 당신이 변화하고자 하는 것은 무엇인가요?

1. 왜 이러한 변화를 원하고 있나요?

2. 그 변화를 이루기 위해서 어떻게 하실 생각인가요?

3. 그렇게 하시려고 하는 이유 중 가장 중요한 3가지 이유는
무엇인가요?

4. 이 변화를 이루어내는 것이 당신에게 얼마나 중요하고 그 이유는 무엇인가요?

- -

- -

- -

5. 자, 그럼 이제 무엇을 할 생각인가요?

- -

- -

- -

- -

변화란 기본적으로 자기 변화를 의미합니다.

사람들은 자기 스스로에 관해 전문가입니다. 자신만큼 자신을 더 잘

아는 사람은 없습니다.

※위 내용은 『동기강화상담』: p7~25를 참고하여 발췌한 질문입니다.

제5장

결국 내 삶의 주도권을 찾다

- 당당한 엄마의 비저너리 라이프를 위하여 -

1

나를 웃게 하는 건 나다

"우리는 다르게 만들어졌다. 이 사실을 받아들이면 다른 사람과 비교하거나 경쟁하는 일도 없을 것이다. 다른 사람처럼 되려고 애쓰다 보면 영혼이 움츠러든다. 우리는 자신을 표현하기 위해서 이 땅에 왔다." 루이스 헤이의 글이다. 그녀 덕분에 나 자신을 있는 그대로 바라보고 사랑하기 시작했다. 『치유』, 『나를 치유하는 생각』, 『삶에 기적이 필요할 때』 등 수많은 베스트셀러 작가이다. 심리적, 영적 문제를 다루는 교사로 30년 동안 전 세계 5천만 명의 사람들에게 자기 치유와 영적 성장의 길을 제시해왔다. 91세가 되던 2017년 그녀의 긍정 확언대로 가장 평화롭게 잠이 든 상태에서 이 세상을 떠났다.

영적 치유자가 되기까지 그녀에겐 불우했던 어린 시절이 있었다. 그녀가 태어난 지 18개월 만에 부모님이 이혼하고, 새아버지의 폭력에 시달렸다. 5살의 어린 나이에 이웃의 술 취한 노인에게 폭행당하는 상처를 경험하고 법정에 서기도 했다. 새아버지의 폭력으로 15살 때 가출하고 식당에서 일하며, 16세 때 미혼모가 되었다. 어린 시절 경험했던 폭행으로 자신이 가치 없는 존재라는 생각에 갇혀 스스로 함부로 대하고, 부정적 생각에 잠식되던 시절이었다. 그런 패턴을 인식하고 버림으로써 패션 모델이 되고 결혼도 했으나 여전히 자존감은 낮았다고 고백한다. 고교 중퇴 후 공부를 한 적이 없던 그녀였지만 '영성'과 '치유'에 관해 공부를 시작하며 열정을 불태웠다. 수년간 공부 끝에 교회 상담가로 활동하면서 초월 명상가로 이름을 알리게 되었으나, 위기가 찾아왔다. 암 선고를 받은 것이다. 그녀는 암을 치유하기 위해 몸과 마음을 변화하려 노력하며 '자신을 사랑해야 한다는 사실'을 인정하기 시작했다. 외부적 요인은 결국 내부적 요인을 제거해야 완전해질수 있다는 사실을 알게 된 것이다. 스스로 암을 치유하며, 정신적 치유가 병을 낫게 하는 효과가 있다는 사실을 경험하고, 책과 강연을 통해 알리기 시작했다. 불우했던 어린 시절의 아픔과 상처를 지니고 있었으나, '스스로 돌보는 과정'을 거쳐 더 아름답게 빛나는 그녀가 되었다.

"나를 사랑하는 방법을 배우기 전까지는, 나도 내가 어떤 사람인지 전혀 몰랐다."라는 그녀의 말이 뇌리에서 떠나지 않았다. 가슴 아픈 상처로 인해 낮아졌던 자존감에서 자신을 있는 그대로 사랑하고 받아들이기는 쉽지 않았을 것이다. 그녀의 이야기를 여러 번 반복해 읽으며 나의 시선을 머물게 했던 부분은 "내 안의 목소리가 나에게 '집중하고 들어.'라는 명령을 내렸고, 나는 그 명령에 따랐다."라는 부분이다. 그녀는 내면의 목소리를 지나치지 않았다. 그 일로 영성과 치유에 관해서 미친 듯이 공부하기 시작해서 교회 상담가로 일을 시작한 것이 오늘날의 그녀를 만드는 계기가 되었다.

'나는 얼마나 내면의 목소리에 귀를 기울이는가?'
'차분하게 나에게 집중하는 시간은 있는가?'
'자신에게 던지는 질문이 있는가?'
나의 영적 멘토 덕분에 내면의 목소리에 귀를 기울이기 시작했다. 마음이 어떤지, 무얼 하고 싶은지, 지금 내가 하려는 것이 5년, 10년 후 나에게 어떻게 도움이 되는 일인지….

그녀에게 암 선고는 또 다른 변화를 유도했다. 다른 사람을 상담하면서 '자신을 사랑하고, 있는 모습 그대로 받아들이는 것'이 중요하다는 깨달음을 비로소 본인에게 실천했다는 것이다. 거울 앞에서 "루이스, 나는 너를 사랑해, 나는 정말로 너를 사랑해."라고 말하는 것이 너무나 어려웠다고 한다. 내가 그랬다. 앞장에서 이야기한 것처럼 나 또한 루이스 헤이의 조언을 실천한 계기로 답답했던 마음속 응어리들을 흘려보낼 수 있었으니까. 그녀는 자기 사랑 연습을 계기로 더는 자신을 비하하지 않게 되었다고 한다. 암세포가 몸에 생긴 이유도 스스로 용서하지 않았기 때문임을 알아차렸다. 심리치료사의 도움을 받아 어른의 관점과 더 넓어진 이해력으로 그녀를 괴롭힌 '그들'의 고통에 연민을 느끼며 원망이 사라지기 시작했다.

"인스턴트 식품은 몸에 축적되어 독소를 만들어낸다. 해로운 생각도 마찬가지다. 머릿속에 축적되어 독소가 가득한 상황을 만들어낸다." 그녀는 몸과 마음을 정화하기 시작한 지 6개월 만에 암의 징후를 없앴다. 그녀 말의 핵심은 이것이다. "우리가 사고하고 행동하는 패턴을 바꾸려고 마음만 먹으면, 병은 얼마든지 치료할 수 있다."라는 사실이다. 이러한 경험을 통해 이전과 다른 패턴으로 인생을 바라보며, 아픔과 상처로 힘든 사람들을 치유하며 그들의 마음을 어루만져주었다.

우리는 모두 크고 작은 상처와 아픔을 지니고 살아간다. 남들이 보기에 작은 일도 버겁게 느끼는 사람도 있고, 큰 시련도 잘 감당해내는 사람도 있다. 그 강도 또한 각자가 느끼는 것이기에 단정 지을 수 없지만, 루이스 헤이의 말처럼 다른 패턴으로 인생을 바라보게 된다면 '인생에 닥친 엄청난 고난이 축복'으로 전환될 수 있다.

나 또한 나의 현실을 버거워했던 사람이다. 남들이 들으면 그게 무슨 고난이냐고 비하할 수도 있겠지만, 출산으로 모든 일상이 달라졌다. 육아를 하며 완벽주의 성향이 극에 달했었다. 설상가상으로 쌍둥이를 조산했고, 아이들은 잔병치레가 많았다. 건강하게 잘 키워야 한다는 내 기준에 스스로 옥죄며 힘들게 했다. 완벽주의는 무슨, 실상은 허접했다. 나의 존재는 찾아볼 수 없었고, 그저 아이들에게 도움이 될까 싶어서, 24시간을 쪼개 이것저것 배우고, 아이들 챙기며 바쁜 일정을 소화하는 것이 알찬 하루라고 생각했다. 뭔지 모르지만 채워지지 않은 마음에 허기만 더해갔다. 구석으로 몰아가며 더 나아지고 발전해야 한다며 자신을 독촉하고 있었다. 나름 성실하게 살아가면서도 미래에 대한 불안과 두려움이 컸다.

루이스 헤이를 만나고 마음을 돌보기 시작했다. 나의 새벽, 그녀의 조언과 영감 가득한 확언을 벗 삼아 하루를 시작하고 마무리하며 불안한 마음을 내려놓고, 있는 그대로의 나를 존중하기 시작했다.

자신을 사랑한다는 것은 나의 모든 면을 있는 그대로 바라보는 것이다. 먼저 완벽주의를 내려놓아야 한다. 실상은 그렇지 못하면서 모든 것을 근사하게 해내고 싶은 욕심에 스스로 더 힘들고 고되게 만들고 있었다. 조금은 허술하고, 느슨하고, 친절하게 나를 받아들이기로 했다. 아이들을 대할 때처럼 나 자신도 있는 그대로 존중해주어야 한다.

아이가 공부를 잘해서, 그림을 잘 그려서 사랑하는 것이 아니라, 존재 그 자체를 사랑하는 것처럼 나라는 존재도 사랑받아야 함을 '나'를 마주하며 깨달아가기 시작했다. 그녀처럼 고난이라 생각했던 것들이 축복으로 다가오도록, 나 또한 자기 사랑 연습을 위해 다음과 같은 2가지를 실천하고 있다.

먼저, 나를 돌보는 새벽 시간, 루이스 헤이의 조언과 감사 일기로 아침을 시작한다.

아침에 일어나 세수를 마치고 거울에 비친 나를 본다. 다정히 미소를 지으며 마음을 전한다.

"진아, 나는 너를 사랑해. 정말로 사랑해. 오늘 행복하자."

처음엔 어색하고 힘들었지만, 이젠 편안하다. 아침마다 나의 상태를 체크 해가며 다독거리고 격려하고 응원한다. 거실에 나와 초에 불을 붙이고 기도를 드린다. 기도가 나에겐 명상이고 사랑과 평화의 시작이다. 가벼운 루틴을 마치고, 나만의 비밀 노트인 '모닝 페이지'를 쓴다. 그 첫 시작이 '감사 일기'다. '우리가 사고하고 행동하는 패턴을 바꾸려고 마음만 먹으면 된다.'라는 그녀의 말처럼, 모든 것을 감사하기 시작했다. 감사는 조건이 없는 것이다. 주어진 모든 것이 감사다.

'아침 일찍 건강하게 깨어 감사 글을 쓸 수 있어서 감사합니다.'

'청명한 새들의 노랫소리를 들으니 평화가 밀려옵니다. 감사합니다.'

'제 마음을 풀어낼 노트가 있어서 기대됩니다. 희망과 사랑의 마음을 담을 수 있어서 감사합니다.'

"사람이 얼마나 행복한가는 그의 감사의 깊이에 달려 있다."라고 존 밀러의 말처럼 아침을 평온한 감사로 시작할 수 있어서 행복의 깊이가 더해진다. 이렇게 감사의 마음이 바탕이 되어 잔잔한 호수처럼 오롯한 마음이 생기게 된다. 고요한 새벽 시간 나를 돌보며, 내면의 목소리에 귀를 기울이는 글쓰기 덕분에 마음이 평안해졌다. 새벽 시간이든 낮이든 하루 중 가장 편안한 시간에 오롯이 나만의 시간을 갖는다. 타인의 시선과 정보에 휩쓸리지 말고 나의 마음에 귀 기울인다. 진정으로 내가 원하는 것으로 향하도록.

다음으로, 나와 데이트한다.

일주일에 1시간에서 2시간 정도를 비워놓고 나를 위한 '시간'을 갖는다. 아이들은 잠시 남편에게 맡기고 나에게 선물을 준다. 작지만 자신만을 위한 호사다. 나에게 집중하다 보면 떠오르는 파편들이 있다. 그동안 미루어두었던 것들이 떠오르는 순간이다. '이거 하고 싶었어.', '여기 가볼까?', '이걸 배워볼까?' 나 자신이 진정으로 원했던 것들을 알 수 있었다. 혼자서 영화를 보기도 하고, 음악회, 전시회도 가고, 호기심에 이것저것 배우기도 하고, 홀로 카페에서 시간을 보내기도 하며 나와 데이트를 즐겼다. 그러다 마음 깊숙이 있던 꿈이 떠올랐고, 원하던 비전 멘토링을 위해 코칭 방법을 배우며 나와 깊은 대화를 주고받을 수 있었다. 내가 가진 작은 재능을 발휘하게 되면서 제일 먼저 오는 축복은 자신을 존중하는 자존이 형성되었다. 지금, 이 순간에 감사하며 마음이 이끄는 소명의 길을 걸어갈 계획이다.

　내가 나에게 줄 수 있는 최고의 선물은 조건 없는 사랑이다. '나는 나를 사랑한다. 나는 내 안의 위대한 힘을 발산하는 지혜가 있다.' 아침저녁으로 듣는 나의 확언처럼이다. '나의 언어가 삶을 빛으로 인도'할 수 있도록, 언제든 나의 내면에 귀 기울인다. 완벽하지 않아도 충분히 행복할 수 있다. 행복의 바탕은 감사다. 감사로 일상의 소중함에 눈을 뜨자 내면의 단단함이 생겼다. 하루를 돌보는 감사와 나를 직면하는 데이트로, 행복해지는 습관을 만들어간다. 더 풍요로울 내일이 기대된다.

2

좋은 습관을 만드는 가족의 정서 문화

지난 코로나19 사태가 터지고 2020년부터 근 2년은 정규 수업이 힘들어지고 가정 학습이 주류를 이루었다. 아이들은 종일 집에 있었다. 방학이 계속되는 상황에서 어린 자녀들이 있는 일상은 어땠을까? 어느 가정이나 비슷하지 않을까? 아이들을 깨우며 하루를 시작한다. 아침을 먹이고, 주방 정리를 하며 오전 간식을 챙겨둔다. 고학년 아이들은 인터넷 줌을 이용해 수업을 듣는다. 어린 자녀들은 컴퓨터 세팅부터 부산스러운 아침이다. 수업을 잘 따라가도록 옆에서 같이 수업을 듣는다. 수업을 마친 아이들은 배가 고프단다. 준비해두었던 간식을 준다. 집 안을 정리할 겨를이 없다. 서둘러 점심을 해 먹인다. 아이들이 옷을 챙겨 입는 동안 설거지를 마치고 물을 챙겨 놀이터로 나간다. 한바탕 놀고 집에 들어와서 아이들을 씻긴다. 오후 간식을 챙겨주고, 마저 못한 집 안 정리 및 빨래를 개는데, 레고 놀이며 보드게임을 함께 하자고 조른다. 오후 시간도 훌쩍 지나갔다. 아이들을 챙기며 '저녁 메뉴는 뭘 할까?' 고민이다.

아이들 눈높이에 맞추다 보면, 나를 위한 시간은 하늘의 별 따기다. 아이들 챙기기만도 바쁘다. 그나마 자녀가 초등학교에 입학하면 상황이 조금 나아지긴 한다. 아이가 주체적으로 놀기 시작한다. 책을 읽어 달라던 아이가 스스로 읽기도 한다. 그래도 여전히 엄마의 시간은 짬을 내기 어렵다. 책 한 페이지 읽을 마음의 여유가 없다. 들쑥날쑥한 오후 시간을 균일하게 계획할 수 있는 우리 집만의 독서 환경을 만들면 어떨까.

가족이 함께 독서 하는 '비저너리 라이프' 가족 독서 타임을 소개한다. 오후 북카페 시간과 저녁 잠자리 독서, 매주 토요일 저녁 가족 독서다.

첫 번째, 오후 4시 북카페 시간이다.
아이들이 어렸을 때부터 도서관에서 에코백 두 개가 넘치도록 책을 대출하고, 아이들도 제법 잘 보곤 했다. 그러던 어느 순간 레고 놀이와 그림에 흥미를 붙인 아이들은 노느라 바빴다. 아이와 함께 독서 시간을 확보하기 위해, 오후 4시 북카페를 열었다. 오후 3시 50분이 되면 들떠 있는 아이들의 시선을 잡기 위해 잔잔한 음악(클래식)을 틀고 간식으로 유혹했다. 마치 카페에 온 것처럼 원하는 음료나 가벼운 간식을 앞에 두고 각자 책을 읽기도 하고 읽어주기도 했다. 아이들끼리 놀다가도 오후 4시만 되면 각자 읽고 싶은 책을 가지고 모여 앉았다. 처음엔 독서록을 작성했으나 아이들에게 부담을 주는 것 같아서 편안한 독서 시간으로 이어갔다. 나도 이때만큼은 여유롭게 커피 한잔을 타서 아이들 옆에 앉았다. 오롯한 시간, 잔잔한 음악과 함께 우리 집만의 북카페다.

두 번째는 잠자리 독서다.

아이들이 4살 터울이다 보니 책을 읽어주는 게 쉽지 않았다. 스스로 읽는 성취도 중요하지만, 초등시기에는 책을 읽어주는 것이 더욱 좋다. 아동 발달학 교수인 매리언 울프는 부모가 책을 읽어준 시간이 많을수록 아이의 독서 수준이 높다고 한다. 저녁 잠자리에서 편하게 세 아이를 눕혀놓고 책을 읽어주었다. 부모가 동화책을 읽어주었을 때, 아이들은 책의 내용을 들으며 본인만의 상상의 나래를 편다. 뇌에서는 시각을 담당하는 부위가 활성화되기에 부모의 노력으로 상상력을 높여줄 수 있으며 안정된 정서로 흡수율은 배가된다. 아이들과 최근에 읽었던 『호두까기 인형』과 『헬렌 켈러』가 있다. 이런 고전은 나이 터울이 있어도 별 어려움 없이 재미있게 듣는다.

먼저, 『호두까기 인형』은 프랑스 문호 알렉산더 뒤마가 각색하고, 러시아의 음악가 차이콥스키가 작곡하여 많은 이들의 사랑을 받게 된 발레극 '호두까기 인형'이 유명하다. 가을에 책을 함께 읽고 크리스마스에 발레 공연을 보고 왔다. 공연을 보고 와서는 〈꽃의 왈츠〉, 〈눈송이 왈츠〉를 틀어놓고 우리만의 왈츠를 추었다. 내복 바람에 까치 머리를 하고서, 손을 맞잡고 춤추며 흥겨워했다.

"호두까기 인형은 복도에 있는 커다랗고 오래된 옷장 앞에 멈춰 섰다. (중략) 눈 깜짝할 사이에 외투 소매 속에서 계단 하나가 내려왔다. 히말라야삼나무로 아주 정교하게 만들어진 계단이었다." 이 장면을 읽어주는데 큰아이가 『나니아 연대기』가 생각난다고 한다. 우연히 영화를 먼저 보고, 백과사전만큼 두꺼운 『나니아 연대기』를 읽었다. 여러 날이 걸렸지만, 제법 재미있어했다. 〈반지의 제왕〉은 『나니아 연대기』에 좋은 자극을 받았다고 한다. 『호두까기 인형』의 인형 나라 부분은 로알드 달의 『찰리와 초콜릿 공장』이 연상된다며 흥미로워했다. 영화로도 접했던 책이다. 자정이 되면 생쥐들과 싸우기 위해 움직이는 인형들은 영화 〈토이 스토리〉와 모리스 샌닥의 『괴물들이 사는 나라』의 괴물들과 오버랩 되어 떠올랐다. 이렇게 오래된 고전은 영화며 음악,

다른 예술작품들로 상상의 나래를 이어주고, 〈반지의 제왕〉이나 〈해리 포터〉로 연결되는 창작의 모티브를 형성한다.

다음으로, 『헬렌 켈러』다. 그녀를 더 이해하고 장애와 비장애에 대해 성찰하게 된 책이다.

다음 날 오후 아이들과 뒷산에 올랐다. 청명한 가을 하늘에 태양은 뜨겁게 비추고 있었다. 나무 그늘에서 아이들에게 눈을 감고 귀를 막아 장애의 어려움을 체험하길 권했다. 얼마 지나지 않아 답답하고 무섭다며 이내 눈을 떴다. 몇 초도 안 되는 시간이 두렵기마저 했다. 당연하다고 생각했으나, 볼 수도 들을 수도 없으니 이 막막함을 어떻게 할까. 좀 더 애쓰며 다른 감각으로 느껴보려 했으나 그마저도 힘들었다.

그녀는 "숲길을 오랫동안 걸어왔다는 친구에게 무엇을 보았냐고 물었더니 친구는 "특별한 것 없었는데."라고 한다. '한 시간이나 숲을 걸었는데도 어떻게 특별한 것을 찾지 못하지?' 볼 수 없는 저는 단순한 촉감만으로도 수백 가지 흥미로운 것을 찾아냅니다." 이 부분을 다시 상기하며 아이들에게 물었다.

"방금 다녀온 숲에서 무엇을 보았니?"

"…."

헬렌 켈러는 얼마나 기가 막혔을까? 우리 아이들도 별반 다르지 않았다. 왜 우리는 보면서 보지 못할까? 제대로 본다는 것은 어떻게 보는 것일까?

"우리 대부분은 삶을 당연한 것으로 여깁니다. 우리가 삶에 얼마나 무심한지 깨닫지 못한 채 사소한 일에 매달립니다. 가진 것을 잃어보기 전에는 그 소중함을 알지 못하는 것과 마찬가지죠. 내일 갑자기 여러분의 눈이 멀 수도 있다고 생각하면서 눈을 한껏 사용해보세요."

헬렌 켈러의 『사흘만 볼 수 있다면』 중의 일부분이다. 그녀의 마음이 절절히 느껴지는 글이다. 평생 아무것도 볼 수 없었던 그녀다. 우리가 무심코 지나친 것들이 얼마나 소중한 것이었는지, 볼 수 있다는 것이 얼마나 큰 축복인지를 깨닫게 해주는 글이다. 우리가 이런 태도로 살아간다면 어떨까? 주변의 아름다움과 소중한 가치를 찾아 진실로 감사하게 되지 않을까.

"엄마, 대낮인데 하늘에 달이 떴어요." 막둥이 유리가 하늘에 뜬 달을 가리킨다. 높고 파란 가을 하늘에 하얀 초승달이 그림처럼 떠있다.

세 번째 독서는 토요일 저녁 아빠와 함께하는 가족 독서다.

첫아이를 낳고 전혜성 박사님의 책을 통해 육아의 기준을 정립하게 되었다. 이분의 '오센틱 리더십 자녀 교육'의 4가지 지혜이다.

1. 부모의 인생부터 제대로 세워라.

2. 아이에게 공부를 가르치기보다는 인생관을 세워줄 수 있어야 한

다.

3. 재주가 덕을 앞서지 않아야 한다.

4. 세계적인 안목을 키울 수 있게 도와주어야 한다.

아이들의 미래 모습을 보려면 그 부모를 보면 된다고 이야기한다. 나의 뒷모습이 아이들에게 어떻게 비출지 상상이 되는가? 이것을 지각하고부터 달라지고 싶었다. 화목한 가정에서 행복한 아이들이 나올 수 있도록 내가 평안해야 한다. 부모의 인생도 세우고 아이들의 인생관을 세워줄 수 있는 독서 중의 하나가 부모와 함께 읽는 고전이다. 아들은 아빠의 모습이 투영되고 닮아가기에 아빠와 함께하는 시간이 절실하다. 바쁜 일정을 고려해서 매주 토요일 저녁으로 시간을 잡았다. 이른 저녁을 먹고, 아이들이 좋아하는 간식을 준비해서 식탁에 모였다. 가족 독서의 시작은 일주일을 보내며 서로에게 전하는 감사와 칭찬이다. 격려를 해주는 사람도 격려 받는 사람도 기분 좋은 시간이다.

"잊지 않고 재활용 쓰레기를 버려줘서 고마워."

"어제 형이랑 논 게 재미있었어요. 형은 잘 놀아줘요."

"막내는 밥을 잘 먹어요."

"동생 샤워하는 거 도와줘서 고마워."

"피아노 연주를 들으면 엄마 마음이 즐거워져. 우리 딸 고마워."

딸아이는 부끄러운 듯 수줍게 웃는다. 피아노 배운 지 이제 겨우 5개월 되었다.

"아빠가 샌드위치를 맛있게 만들어주셨어요. 진짜 맛있어요."

서로에 대해 감사와 격려를 표하며 가족의 사랑을 도탑게 나눈다. 기분 좋은 시작이다. 처음 가족 독서는 쌍둥이의 동화책을 읽고 이야기를 나누었는데, 큰아이 차니가 시큰둥했다. 동생들의 동화책이 시시했던 거다. 그래서 아이들 책을 나누었다. 삶의 지혜를 담고 있는 책으로 『어린이 사자소학』과 『논어』를 함께 읽는다. 쌍둥이는 『어린이 사자소학』을 낭독한다. 올바른 행동과 예의범절 등을 다루고 있는 책으로 소학 한 구절을 필사하고 생각을 나눈다.

"음식수악 여지필식 飲食雖惡 與之必食."

"비록 음식이 거칠더라도 주시면 반드시 먹어야 한다."

식사 예절과 음식을 맛있게 먹는 사람이 복을 받는다는 보충 설명을 마저 읽고,

"엄마, 저 당근이랑 골고루 다 먹을 거예요."

유독, 당근을 싫어하는 9살 유리다. 스스로 잘 먹겠다고 다짐해주니 사자소학의 긍정적인 효과다. 엄마의 조언보다 스스로 생각하고 실생활에 접목하는 효과는 기대 이상이다. 13살인 차니는 『논어』 필사 후 주로 아빠와 이야기를 나눈다. 아들과 아빠의 대화는 엄마의 그것과 분명히 다르다. 경제, 나라 정세를 들려주고, 함께 축구 경기를 관람하기도 한다. 이러한 과정을 통해 아이들의 정서는 안정되고 바른 가치

관을 정립하도록 도울 수 있다.

가족 독서의 효과 3가지를 추려보면 첫째, 규칙적인 독서 시간을 확보할 수 있다. 둘째, 부모의 책 읽는 모습을 통해 독서 환경을 제공할 수 있다. 셋째, 소통의 장을 마련할 수 있다. 같은 글을 보고 서로 느낀 생각을 공유하면서 생각의 파이를 키울 수 있다. 이 작은 시간과 준비된 환경을 통해 아이의 독서 습관을 만들어줄 것이다. 우리 가족만의 정서 문화를 만드는 시도, 독서 문화로 시작해봐도 좋겠다.

3

단단한 삶을 위해 말랑하게 살기

아이들은 무슨 책을 읽고 있을까?

초등학교 도서관에 가면 열심히 책을 읽고 있다. 다름 아닌 만화책이다. 2주에 한 번 이상 가는 시립도서관 어린이 자료실에도 아이들이 조용히 책을 읽고 있다. 어김없이 만화책이다. 아이들은 왜 이렇게 만화책을 좋아할까?

우리 아이들도 그렇다. 조용해서 방을 들여다보면 『그리스 로마신화』, 『Why?』, 『마법 천자문』, 『내일은 실험 왕』 그리고 도서관에서 빌려온 만화책들을 보고 있다. 만화책뿐만 아니라 2학년 때부터 읽었던 『해리 포터』시리즈를 6학년인 지금도 푹 빠져서 읽고 있다. 나도 즐겁게 읽었지만, 과연 만화책이나 판타지 책들이 아이들에게 어떤 도움이 될까? 의문이 든다.

"학습 만화도 좋을 것이라는 착각! 많은 사람이 읽으니 좋을 것이라는 착각!"을 한다며, 초등교사 송재환 작가의『초등고전 읽기 혁명』에서 그 이유를 다음과 같이 말한다.

"아이들이 만화책과 판타지 책에 빠져드는 이유는 어휘력과 이해력이 부족하기 때문이다."

학습 만화 같은 종류의 도서는 재미있어 빨리 읽히지만, 책을 읽고 나면 등장인물이나 사건도 기억나지 않는다. 이런 과정이 습관이 되면 줄거리에 치우쳐서 대충 읽는 습관이 생기고, 나중에는 정독이 힘들어지고, 재미없어 보이는 책은 거들떠보지 않게 된다. 그렇게 되면 복잡한 사고를 싫어하는 단순한 사람이 되기 쉽다고 충고한다.

아이에게 책을 읽히는 이유에 대해 진지하게 생각해볼 필요가 있다. "당신에게 가장 필요한 책은 가장 많이 생각하게 하는 책이다."라는 마크 트웨인의 말에 무릎을 치게 한다. 우리도 아이들에게도 생각할 여지를 주는 책, 흥미 위주의 책이 아닌, 오랜 시간 전해오는 가치 있는 책이었으면 좋겠다. 깊이 있는 책 읽기로 사고력과 창의력이 배양되는 책, 우리는 이런 책을 아이들에게 읽히고 싶다.

경기도의 '꿈의 학교'에서 직업 체험으로 서울 여의도에 위치한 KBS 한국방송을 방문했다. 방송국 국장님께서 '기자의 역할'에 대해 설명해 주셨다. 당시, 초등 3학년이었던 차니의 질문이다.

"그 기사가 참인지 거짓인지 어떻게 분별해요?"

각종 매스컴과 SNS 마케팅을 접하며, 진위를 변별해야 할 때가 있다. 어디까지가 사실이고, 의견인지, 진실을 파악하고, 진실 너머 진리를 볼 수 있어야 한다. 급변하는 시대에 우리도 함께 공부하고 변화해야 한다. 지금 아이들은 우리 어릴 때와는 너무도 다르다. 지식과 정보는 방대하다. 무엇을 어떻게 배워야 할지는 각자의 몫이 되어가고 있다. 인터넷 검색의 시대가 되어버렸다. 제대로 변별하고 지혜롭게 판단해야 한다. 편리함을 추구하게 되는 디지털 시대이기에 우리 아이들의 인성과 깊이 있는 사고력이 더욱 절실해졌다.

"저는 지난 33년간 매일 아침 거울을 보았습니다. 그리고 '만약 오늘이 내 인생의 마지막 날이라면, 오늘 내가 하려는 일을 과연 할 것인가'라고 물었습니다." 스티브 잡스의 말이다. 이 말은 그의 아침은 내가 원하는 일을 하고 있는가, 라는 질문에서 시작했다. 그의 이런 질문 하는 습관이 창의적 기업의 선구자인 애플을 만드는 단초가 되지 않았을까?

『논어』의 '위령공'편에 이런 말이 나온다. "어찌하면 좋을까, 어찌하면 좋을까? 하며 고민하고 노력하지 않는 사람이라면, 나도 정말 어찌

할 수가 없다." 스스로 의문을 품고 답을 찾기 위해 노력하지 않는 사람은 도움조차 받을 수 없다는 말이다. 우리가 사는 이 시대에 아이들에게 무엇을 줄 수 있을까? 의문을 품고 질문하는 것에서부터 시작되어야 한다. 질문하면 유대인이 떠오른다. 유대인들은 세계 인구의 0.2%에 불과하지만, 세계 1%를 차지하는 부자의 기틀을 만든 것은 대화와 토론 문화다. 그들만의 '하브루타'인 질문과 존중이 그것이다. 우리 아이들도 자유롭게 사고하고 표현할 수 있다. 그 시작을 질문에서 시작해본다.

지난해 고전을 읽고 나누는 모임이 있었다. 일주일에 한 권씩 지정도서를 읽고 질문을 만들었다. 질문을 만들기 위해서는 책을 여러 번 볼 수밖에 없었다. 먼저, 책을 훑어본 다음 정독을 하고, 다시 재독을 하며 인상적인 부분에 줄을 긋고, 관련된 나만의 생각을 기록하며 질문을 만들었다. 수업을 위해 다른 선생님들과 줌에서 모였다. 2시간 동안 각자 만들어온 질문으로 의견을 나누었다. 비슷한 질문도 있고, 전혀 다른 질문들도 올라왔다. 주어진 질문이 아니라, 각자 생각을 토대로 만들어진 질문은 신선하고, 공감되고, 확장된 생각의 고리를 만들어주었다. 저자의 의도를 뛰어넘어서 다양한 시각으로 사고하는 우리를 만났다. 『꽃들에게 희망을』 책을 나누면서 '꽃은 과연 꽃인가?'라는 주제만으로도 다채로운 의견과 꼬리를 무는 질문들이 이어졌다. 각자 꽃에 대한 정의를 듣는 것도 흥미로웠다. 문맥을 통해 유추하고 추론해본 의견들을 발표하고 다시 수렴하는 과정에서 사고가 전환되는 값진 경험이었다. 이런 다양한 시각으로 의견을 나누는 경험을 우리 아이들에게도 줄 수 있을까?

양서인 고전을 읽고 친구들과 질문하고 토론하는 수업, 책을 많이 읽는 것보다 더 중요한 것은 '천천히 깊은 독서'를 통해 '어떤 책'을 '누구'와 '어떻게' 이야기 '나누는가'가 중요하다. 다양한 의견과 생각을 교류하면서 형성된 시각은 배움의 즐거움을 선사한다.

다음은 친구들과 함께 나눈 고전 '독서 수업'의 사례다.

우리 아이들과 함께 읽었던 책『아낌없이 주는 나무』다. 아이들의 질문을 소개해본다. 아낌없이 주는 나무는 모든 것을 다 내어주고, 책 말단에 '그래서 나무는 행복했습니다.'라고 쓰여 있다. 아이들은 미리 책을 읽어왔고 가볍게 이야기를 나눈 후, 질문 만드는 시간을 주었다. 다시 책을 보며 충분히 사색하고 질문을 만든다. 한 친구는 "아낌없이 주는 나무를 읽으며 엄마가 생각났어요. 다음 생애는 엄마가 나의 딸로 태어났으면 좋겠어요."라며 엄마에 대한 감사의 마음을 전하는 친구.

"주변에 아낌없이 주는 친구가 있는가?"로 말문을 여는 친구. "나는 어떤 사람인가?"로 성찰하는 질문. "나는 나무에 가까운 사람인가?", "소년에 가까운 사람인가?", "나무는 정말로 행복했을까?"

아이들의 질문이 하나같이 철학자 같다. 아이들은 친구들의 의견을 집중해서 듣는다. 고개를 끄덕이기도 하고 갸우뚱하기도 하며 후속 질문을 하기도 한다. 모두 생각이 다르다. '나는 어떤 사람인가?', '나는 누구인가?'라는 질문은 꼭 필요하다. 존재에 관한 질문은 가치관이 정립하는 초등 고학년부터 아이들의 모든 행동의 동기를 부여하며 목적 있는 삶을 살도록 이끈다. 그 시작이 깊이 있는 사고를 돕는 고전이었으면 좋겠다. 고전을 통해 마음을 살피고, 생각하고 행동하는 삶으로 이끌 수 있다. '우리는 세상에 어떤 존재들인가?', '우리는 부모에게 어떤 자녀인가?', '우리는 벗들에게 어떻게 대하고 있나?' 삶을 대하는 자세부터 인간관계까지 많은 대화가 오고 갔다. 아이들의 대화를 들으니, 부모라는 입장에서 '아낌없이 다 내어주는 건 무엇일까?', '다 주어야만 할까?' 지혜롭고 현명한 관계에 대해 생각해본다. 부모든 벗이든 사회든, 서로에게 도움을 주고받는 선순환이 이루어질 때 그 생명력이 유지될 수 있다. 스스로 질문을 만들어 보고 친구의 의견을 들어본다. 질문을 고민하고, 탐색하는 이 과정에서 아이들은 생각하는 힘을 기른다. 가벼워 보이지만 결코 가볍지도 무겁지도 않은 우리 인생을 이야기하는 오래도록 이어져온 고전이다. 서로의 의견에서 발문을 만들거나, 질문을 토대로 글을 쓰며 마무리한다.

주중에 하는 수업과는 별도로 일주일에 한 번 단톡방을 만들어 필사 인증을 했다. 4학년에서 6학년은 『명심보감』을, 중학교 1학년은 『논어』

를 낭독하고 한 구절 필사를 마쳤다. 그들만의 눈높이로 단상을 적었다. 고전은 삶의 지혜를 담고 있어 읽을 때마다 새로운 생각이 밀려온다. 내가 초등 시절에는 감히 상상도 못 해본 일이다. 이 친구들이 부럽기도 하다. 얼마나 단단하게 내면을 성찰해나갈까. 이 아이들이 '나만을 위해서가 아니라 이 세상을 위해, 내가 무엇을 해야 할지 고전을 통해 사유'할 수 있었으면 좋겠다. 이런 이타적인 마음으로 이 세상을 바라보며 질문을 품고 성장하길 바란다.

고전을 읽다 보면 고택 뒤에 자라는 대나무가 연상된다. 중국의 극동 지방에서 자라는 모소 대나무가 있다. 이 대나무는 땅이 척박하든 기름지든 간에 씨를 뿌리면 4년 동안 아무리 물을 주고 가꾸어도 겨우 3cm밖에 자라지 않는다고 한다. 자라는지 의심이 들 정도로 성장이 더디다.

그러나 5년이 지나면 새끼손가락만 하던 죽순이 하루에 무려 30cm 넘게 쑥쑥 자라기 시작해 6주 만에 건물의 5층 높이를 훌쩍 넘는 15m 이상 자란다고 한다. 순식간에 울창한 대나무 숲을 형성하는 것이다. 그 비결은 무엇일까? 지난 4년간 땅속에서 깊고 단단하게 뿌리를 내리고 있었기에 가능했다. 모소 대나무가 땅속에서 묵묵하게 뿌리를 내려 훗날 울창한 숲을 이루었던 것처럼, 우리 아이들은 지금 뿌리를 내리고 있다. 작은 뿌리를 더 강하게 내리도록 믿고, 기다려주는 것이 바로 부모의 역할이 아닐까.

뉴노멀시대 우리 아이들이 바르게 성장하길 바란다. 크든 작든 각자만의 빛을 발산하는 별로 거듭나길 간절히 소망한다. 고전 독서를 도구 삼아 아이들과 함께 생각하고 궁리하는 힘을 키워나간다. 고전 독서는 아이들을 가르치거나 올바른 길로 인도하는 게 아니다. 스스로 깨닫고 나아가길 격려하고 지지하는 일이다. 부모도 아이를 믿고 응원하며 함께 행동해야 한다. 고전은 누구나 들어본 책이지만, 사실은 쉽게 읽히지 않은 책이다. 그렇기에 본이 되는 부모로서 같이 읽고 나누었으면 좋겠다.

"나는 세상에 도움이 되는 존재가 되기 위해 끝없이 노력할 것이다. 타인을 위한 봉사도 마찬가지다. 절대로 지치지 않을 것이다. 이게 바로 나의 축제 같은 삶을 위한 모토다." 끝없이 인문학을 탐구했던 천재 다빈치의 말이다. 축제 같은 삶. 세상에 도움이 되는 존재 즉, 서로 사랑하고 나누는 삶이다. 아이들이 좋아하는 장난감 말랑이는 어떠한 힘을 가해도 본래의 모양을 유지하는 탄성을 지녔다. 이 장난감처럼 어떠한 시련에도 본성을 잃지 않는 말랑한 삶을 살고 싶다. 그 시작이 역사 고전을 통한 자각이다. 인문 고전을 통한 성찰이다. 인문학의 본질인 서로 사랑하고 감사하는 마음이 우리와 아이들의 '축제 같은 삶'으로 드러나길 간절히 소망한다.

4

꿈이 있는 엄마의 시간 관리는 다르다!

일의 효율을 높이는 방법은 뭐가 있을까?

"지금부터 10분 동안 그 방법을 알려드리겠습니다. 하루를 끝내기 전에 매일 10분씩 그날 한 일들을 생각해보십시오. 그리고 자신에게 물어보십시오.

'오늘 내가 잊어버리거나 소홀히 하거나 실수한 일은 무엇일까?'

'오늘 일을 개선하는 방법은 무엇일까?' 그런 다음 메모지에 내일 꼭 해야 할 일 6가지를 쓰십시오."

철강 회사 CEO 찰스 스왑은 경영컨설턴트인 아이비 리에게 경영자로서 어떻게 행동해야 하는지 조언을 청했다. 아이비 리는 '매일 쓰면서 성찰하기'를 위와 같이 이야기했다. 조언을 받아들여 실행한 찰스 스왑은 3개월 뒤 그에게 무려 2만 5천 달러를 보냈다. 엄청난 성과가 있었기에 가능했으리라. 그렇다면 도대체 어떤 이유로 가능했을까? '매일 쓰면서 성찰하는' 방법이 생산성 향상에는 최고라고 강조한 자기계발 전문가 제임스 클리어는 다음과 같은 3가지 이유를 든다.

1. 집중해야 할 일을 단순화한다.

2. 시작의 두려움을 줄여준다. 다음날 무엇을 할지 분명하므로

3. 우선순위대로 하나씩 해나갈 수 있다.

경영자 스왑이 집중해서 우선순위대로 시작할 수 있었던 원동력이었다. 〈내 머릿속 지우개〉에 실린 글이다. 시작은 두렵다. 그러나 집중해서 우선순위를 정하는 것은 우리도 해볼 수 있는 일이다.

아이비 리가 조언 한 메모 방법을 처음 접한 것은 『독서교육 콘서트』의 저자 김진수 선생님의 '밀알샘 블로그'를 통해서다. 유튜브 '밀알샘 tv'에 더 자세한 내용이 포함되어 있다. 초등학교 선생님이신 밀알샘은 학급 아이들과 '할 일 6가지 메모'를 실천하고 계셨다. 덕분에 실천할 의지를 선물로 받았다.

플래너인 바인더의 투 두 리스트 (to-do list)에 우선순위를 매기기 시작했다. 아이비 리의 조언은 하루를 마무리하며 중요한 6가지를 적

는 것이다. 노곤하고 피곤한 저녁 시간보다 머리가 맑은 새벽, 모닝 페이지에 감사 일기를 쓰면서 생각나는 것들은 기록했다. 그날 해야 할 일들, 떠오르는 것들을 노트에 적었다. 새벽 루틴을 마무리할 즈음 그날 할 일을 바인더에 옮겨 적으며 우선순위를 정했다. 우선순위를 정할 때는 중요한 일부터 순위를 매겼다. 가장 중요하다고 생각한 것은 의외로 하기 싫거나 미루고 싶은 것들이었다. 많이 알려진 아이젠하워의 시간 매트릭스에서 중요도와 긴급도에 따라 일을 나누는 방법이 있다. 긴급하고 중요한 일을 먼저 처리하다 보면, 급하지는 않지만 중요한 일들이 밀려나곤 했다. 그래서 가짓수를 줄여 가장 중요하다고 생각하는 것 3가지를 우선으로 기록하기 시작했다.

다음은 아이비 리가 조언한 '매일 쓰면서 성찰하기'의 메모 방법이다.

첫째, 매일 15분, 하루를 마무리하며 중요한 일 6가지를 적는다.

둘째, 다음날 우선순위대로 실천한다.

셋째, 우선한 일을 마치기 전에는 다음번으로 넘어가지 않는다.

너무 평범해서 의아하다. 그러나, 중요한 우선순위 1번 일을 마치기 전에는 2번 일을 시작하지 않는다는 것이다. 이것이 아이비 리가 말하는 조언의 핵심이다. 매번 해야 할 리스트를 만들고도 급한 일을 처리하기 바빴던 지난날들이 떠올랐다. 바인더에 우선순위로 기록하고 새로운 아이디어들은 메모지에 적어 늘 펼쳐져 있는 바인더 상단에 붙여놓았다. 아이비 리의 핵심 조언처럼 첫 번째가 끝나지 않으면 가능한 두 번째로 넘어가지 않으려고 했다. 한동안은 책을 읽고 블로그 매일 쓰기를 우선에 두었다. 새벽 시간이나 오전, 블로그에 글을 올리고 나면 뿌듯한 하루가 되었다. 책을 쓰는 지금은 주로 계획한 분량만큼 책 쓰기, 수업 교안 만들기, 아이들 공부 봐주기가 우선순위다.

철강회사에 견줄 수는 없지만, 우리 엄마들은 가정을 운영하는 최소 공동체의 경영자다. 다변하는 지금 최선을 다해 살아가는 엄마들은 시간을 쪼개며 살아내고 있다. 그래서 효율적인 시간 관리가 우선이다.

다음은 나름의 주어진 시간 안에서 효율을 높이는 '비저너리 라이프'를 소개한다.

먼저, 매주 일요일 밤 blue time.

『성과를 지배하는 바인더의 힘』에는 저자인 강규형 대표가 '바인더'를 통해 성과를 기록하며 어떻게 시간을 관리해왔는지 노하우를 담고 있다. 새벽 시간과 우선순위를 활용하고 있다면 선행되어야 할 것이 기록이다. 어디에 기록할 것인지 나에게 맞는 것을 찾아야 한다. 바인더나 일반 플래너도 좋고, 스케줄 관리를 도와주는 앱도 다양하다. 중요한 것은 시간의 기록이다. 한 주의 시작인 일요일 밤, 잔잔한 음악을 배경으로 새로운 한 주를 계획한다. 이 책의 저자처럼, 나도 나만의 blue time이다. 시간 관리의 핵심은 시간의 견적을 내는 것이다. 견적을 통해 실행 가능성을 높여 효율적인 시간으로 만들 수 있다. 그렇다면 나에게 주어진 회의 시간, 식사 시간, 독서 시간 등은 어떻게 계획해야 할까? 예를 들어 독서를 가정해보면, 1시간에 60page 읽을 수 있다면 300page 책은 5시간이라는 독서 시간의 견적이 나온다. 주 5일 가능한 시간대에 독서 1시간을 기록해 넣으면 5일에 1권을 독서할 수 있다. 또 계획한 것보다 시간이 더 걸리거나, 단축된 시간을 통해 원인을 파악하고 대안을 마련할 수 있다. 이런 과정을 통해 다음 일정을 추가할 수도 있고, 마감 기한을 정해놓고 역으로 계산하기도 편리하다. 일정별 틈새 시간을 활용할 수도 있다. 바인더를 처음 접했을 당시엔 너무 빽빽하게 일정을 잡아서 힘들었지만, 지금은 산책과 휴식 시간도 안배하며 돌발상황의 여지를 남겨둔다. 플래너의 핵심은 년, 월, 한 주, 하루를 계획할 수 있고, 시간을 짜임새 있게 나눌 수 있다는 것이다. 이렇게 작성한 플래너는 책상 위에 펼쳐놓는다. 수시로 들여다보며 다음 일정을 체크 할 수 있고, 융통성 있게 조율할 수 있다. 피터 드러커의 경영 바이블인『성과를 향한 도전』에서 "성과를 올리는 사람은 시간이 얼마나 걸리는지 명확히 파악하는 것에서 출발한다."라고 한다. 일정이 많을 때는 계획 따로, 실행 따로였다. 지금은 바인더를 펼치고 급하지 않지만 중요한 일을 먼저 표에 기록한다. 실행 면에서는 보류도 하고 내일로 미루기도 하지만, 시간의 견적을 낼 수 있기에 언제, 어떤 시간을 얼마나 쓸 수 있는지 파악할 수 있다.

둘째, 매일 새벽 메모 작성하기

위에서 소개한 블루 타임을 활용해 주간 계획을 하고 매일 새벽 일정 점검을 한다. 바인더 to-do 리스트에 우선순위를 기록하고 특이사항이나 새로운 아이디어들은 접착식 메모지를 활용한다. 하루 한 장 메모로 영감을 놓치지 않는다. 육아하는 우리에게 돌발상황과 매일 챙겨야 할 것들은 수두룩하다. 메모지를 활용해서 눈에 잘 띄는 냉장고나, 모니터 앞에 붙여놓으면 잊고 지나치는 일을 줄일 수 있다.

마지막으로, 아이의 성취 메모 붙이기

『하루 한 장 리스트의 힘』의 저자인 가오위안 작가는 업무, 학습, 가정, 휴식 시간 등 삶의 모든 영역에서 리스트를 이용해 더 행복한 삶을 살 수 있다고 말한다. 책에서 아이디어를 얻어 '성취를 기록하는 메모'를 하기 시작했다. 아이들의 일상에 활기를 주고 작은 습관의 동기를 부여한다. 내가 메모지를 사용하는 것을 눈여겨보더니 딸아이가 메모지를 쓰고 싶어 했다. 그래서 장식장에 노란 접착식 메모지를 붙이라고 제안했다. 아빠와 내가 아이들의 장점 10가지를 적어서 붙여놓았다. 그 옆으로 각자 성취를 붙인다. 성취 습관의 첫 시작은 '이불 개기 성공', '스스로 기상 성공', '정리 정돈 성공', 등이었다. 딸아이가 제일 열심히 적어서 붙이고 있다. 스스로 공부하고서 '수학 문제 풀기 성공', '줄넘기 1회 성공', '사자소학 읽기 성공' 귀여운 그림도 곁들여 붙였다.

수시로 쳐다보며 흐뭇해한다. 작은 성취를 맛보는 즐거움이길.

아이비 리의 '매일 쓰면서 성찰하기'처럼 손으로 쓰는 메모는 복잡함을 단순화시킨다. 매일 아침 '모닝 페이지'에 어제를 성찰하며 감사 일기를 쓰는 것. 머리가 복잡할 때 질문을 던지며 낙서하듯 끄적이다 보면 불현듯 새로운 아이디어가 떠오르기도 한다. 이 모든 과정은 쓰면서 명확해지는 과정이다. 메모를 통해 스치는 단상들을 부여잡는 데 도움이 되었다.

바인더 맨 앞장에 꿈을 적는 페이지가 있다. 하고 싶은 것, 가 보고 싶은 곳, 배우고 싶은 것 등을 작성할 수 있다. 하나하나 기록하는 것만으로도 설렘이 가득해진다. 수시로 들여다보며 나의 꿈에 가까워지길 소망한다. 작년 바인더에 썼던 꿈 중 하나가 1년에 책 150권 이상 읽기였다. 과연 할 수 있을까 고민하지 않고 적었다. 그리고 읽어냈다. 작은 바람부터 하나씩 이루어간다. 내 마음속의 작은 소망을 떠올려본다. 그리고 하루 일정에 추가해본다.

꿈을 이루는 방법으로 메모를 추천한다. 롤러코스터 같은 일상에서 잠시 정신을 놓으면 하루가 금세 흘러가버린다. 메모를 통해 중요한 우선순위를 정한다. 머릿속 복잡한 생각들을 객관화하고 최적의 안을 선택할 수 있다. 아이들 일정을 맞추느라 내 일정이 뒤로 연기되더라도 항목을 지우지는 않는다. 급한 일에 밀려 중요한 일을 놓치지 않으려 한다. 가장 중요한 나 자신을 위한 시간을 일정에 안배한다. 내 앞에 주어진 '크로노스의 시간'을 그저 흘려보내지 말고, 나만의 의미가 부여된 '카이로스의 시간'으로 가치를 만들어간다. 오늘은 내 인생에 '다시 오지 않는다는 것', '가장 활기찬 날이라는 것', '뭐든 시작하기 좋은 날'이라는 것을 잊지 않으려한다.

미래를 계획하는 원 워드(One Word)

"사랑 안에서 오늘은 어떤 하루?"

"도전하는 하루요. 잘 다녀오겠습니다."

"용기 내는 하루요!", "노력하는 하루요! 학교 잘 다녀오겠습니다."

우리 집 현관, 매일 아침 등굣길에 아이들 인사다.

만남은 우연이 없다고 생각한다. 반드시 이유가 있기에 만나게 되는 게 아닐까? 인생 멘토를 간절히 원했던 나에게 멘토링을 해주시는 감사한 분들이 있다. 그중 한 분이 『자기 주도 교육으로 체인지하라』의 심현진 목사님이다. 아이들이 성장하면서 부모의 역할에 대한 고민이

깊어졌었다. 나도 바로 서고 아이들도 제대로 양육하고 싶다는 바람이 컸다. 간절함이 작용했을까. 목사님과의 만남으로 가정 공동체 모임이 시작되었다.

우연히 블로그에서 '2021, 체인지 미라클 명품 가정 만들기 특강'이라는 문구를 보고 강의를 신청했다. 주제는 '나와 내 자녀의 첫 번째 도미노를 쓰러뜨려라!' 강사가 목사님이라는 것, 가족이 다 함께 들을 수 있다는 것에 기대가 컸다. 온 가족이 일요일 밤에 모여 장장 4시간여의 강의를 들었다. 마무리까지 곁에서 잘 들어준 차니와 강의 후기도 작성하고, 강의 때 과제로 주셨던 원 워드도 함께 만들었다. 이것이 계기가 되어 목사님과 독서 모임을 이어가고 있다.

첫 강의 때 뵈었던 선한 열정에 마음이 끌렸다. 우선 선정된 6개월의 도서 목록을 보니 가정 교육 외에 인문학, 글로벌 가정 교육 등 다양한 도서를 접할 수 있겠다는 기대도 컸다. 코로나로 대면 모임이 불가능했고 온라인 모임이라 부담이 적었다. 아이를 키우는 부모들의 고민은 비슷비슷했다. 비대면으로 서로의 고충을 공유하며 응원하는 모임이 시작되었다. 함께 책을 읽고 가정의 본질과 부모의 역할을 다짐할 수 있어서 든든한 모임이다. 코로나로 학교도 일상도 멈춘 지금, 아이들 교육에 대해 새로운 성찰을 하도록 장을 열어주었다.

『원 씽』에서 도미노 효과를 소개한다. 우리가 익히 알고 있는 도미노가 아니다. 과학자이자 작가인 화이트헤드는 도미노 한 개가 크기가 다른 도미노뿐 아니라 제 몸집보다 훨씬 더 큰 것들까지 넘어뜨릴 수 있다는 것이다. 한 물리학자는 뒤의 도미노를 앞의 도미노보다 1.5배 크게 만들었다. 첫 번째 도미노 높이가 5센티미터에 불과했지만 마지막 여덟 번째는 거의 90센티미터에 가까워졌다. 단지 손가락으로 '톡' 건드려 도미노를 움직이기 시작해 '아주 커다란 굉음'을 듣게 되는 실험이었다. 이 힘은 기하급수의 원리로 설명되며, 상상을 초월하는 결과로 이어진다.

큰 성공을 이룬 사람들은 도미노 효과를 잘 알고 있었다. 매일 우선순위를 정하고 자신의 삶에서 도미노와 같은 효과를 낼 수 있는 첫 번째 도미노를 찾은 다음 실행에 옮긴 것이다. "훌륭한 성공은 동시다발적으로 일어나는 것이 아니라 순차적으로 일어나기 때문이다." 삶의 우선순위를 정하고 도미노 원리를 적용할 수 있는 첫 번째 도미노를 찾아야 한다. 목사님은 첫 도미노를 『원 워드』에서 찾으셨고 우리에게 특강을 해주셨다.

『원 워드』에서 "자신만의 단어를 찾아라. 원 워드(One Word)에 초점을 맞추는 삶은 힘든 상황을 뚫고 앞으로 나아갈 힘이 되며 단순하며 강력하다!"

원 워드를 찾는 것만으로 인생의 첫 도미도를 쓰러뜨릴 수 있다는 생각에 바로 적용하고 싶었다. 특강이 끝나자 가슴이 두근거렸다.

우리 가족은 모두 모여 각자의 원 워드를 찾기 위해 고심했다. 각자의 삶을 성찰해보며, 필요한 것이 무엇인지 부족한 것은 무엇인지 이야기 나누었다. 고심한 끝에 찾은 우리 가족의 원 워드는 다음과 같다.

'창의, 실천, 도전, 용기, 노력'

한 해 동안 일상의 모든 부분에 원 워드를 적용했다. 단순한 삶이다. 집중과 선택으로 변화를 이끌 수 있기에 각자의 삶에 적용하며 살아가길 바랐다. 그렇게 우리는 아침마다 아이들과 원 워드를 외쳤다. 거실한 가운데 붙어 있는 '원 워드와 존 우든의 성공 메시지'를 보며 하루를 시작했다. 매일 등굣길에 원 워드를 외치며 자신의 삶에 연결짓는다. 아이들의 삶 속에서도 크고 작은 변화의 바람이 불었다. 내 입으로 내 뱉는 원 워드의 힘은 생각보다 컸고, 아이들에게도 좋은 습관이 시작되었다.

다음은 아이들이 아침마다 원 워드와 함께 외치는 존 우든의 메시지다.

"Success is happiness in your heart Because you made the Effort, One Hundred Present to do your best." (성공이란 자신이 가

진 것이 무엇인지 알고, 그것을 최대한 활용하고 최선을 다해 좋은 결과를 내려고 노력한 후에 얻게 되는 마음의 평안이다.)

잠시 존 우든에 대해 알아보자. 존 우든은 최고의 농구 감독으로 1948년부터 27년간 UCLA 팀을 이끌며 12시즌 동안 열 번의 NCAA 우승을 만들어낸 많은 이들의 인생 스승이다. "너는 최선을 다했고 그것이 성공이다." 존 우든 감독은 경기의 승점이 중요한 감독임에도 불구하고 그가 중요하게 여긴 것은, 승리보다 최선을 다하는 과정임을 삶으로 보여준 인물이다. 진정한 성공이 무엇인지를 대변하는 메시지다.

원 워드는 지난 한 해, 아이들뿐 아니라 내 삶의 커다란 변화의 동력이 되었다. 아이들과 함께 아침마다 외치며, 꾸준히 되뇌다 보니 어느 순간 원 워드가 삶이 되었다. 강의를 듣고 고심하며 생각해낸 나의 원 워드는 '실천'이었다. 계획하는 것은 즐겨했으나, 해야 할 일도, 하고 싶은 일들도 많았다. 쏟아지는 정보에 흔들리지 않도록, 나만의 기준을 세우는 것이 너무도 절실했다. 우리 삶이 도미노처럼 선형으로 늘어서 있지 않기에, 해야 할 일을 결정할 때 나만의 기준을 세우고, 원 워드를 적용했다. 앞에서 이야기한 아이비 리의 메모와도 같은 맥락이다. 매일 우선순위를 정하고 첫 번째 일이 끝나지 않으면 다음번 일을 시작하지 않는 것이 아이비 리 메모다. 원 워드는 우선순위에서 첫 도미노를 정하고 실행할 때 다른 문제들도 연달아 해결할 수 있는 연결

고리의 힘을 실어주었다. 고민하지 않고 원 워드인 '실천'을 하기로 했다. 그렇게 시작한 것이 작은 열매를 맺어가고 있다. 크고 대단한 게 아니다. 스스로 최선을 다했다는 것이 중요했다. 우든의 말처럼 최선을 다했을 때 느끼는 내 마음의 평화다. 새벽 시간을 통해 꾸준한 필사와 모닝 페이지, 독서, 대대적인 집 안 정리도, 나만의 아지트도, 책을 쓰려고 마음먹은 것도 원 워드가 있었기에 하고자 하는 '의지'를 행동으로 '실천'할 수 있었다. 이런 작은 도미노가 모여 최종의 단 하나의 목표를 향해 나아간다. 도미노처럼.

일 년이나 매달, 아니면 오늘 하루 나만의 원 워드를 찾아본다. 삶의 무수한 변화 속에서 '선택과 집중'을 할 수 있다. 눈에 잘 띄는 곳에 붙여두고 일상과 연결지어 생각해본다. 꿈을 이뤄가는 스몰 스텝이 바로 '원 워드' 찾기다. 꼭 해내고 싶은 일에 주의를 기울일 수 있도록 동기를 준다. 원 워드를 도구 삼아 한 가지에 집중하며 최선을 다할 때, 자신만이 느끼는 참된 평화를 누리는 날들이 많아질 것이다.

6

지금, 이 순간을 충실히 살아낸다

"신체 부위 중에 가장 소중한 것은 무엇입니까?"

볼 수 있는 눈, 냄새 맡아야 할 코, 사랑한다고 말할 입을 적었다.

"소중한 보물을 적으세요." 내가 아끼는 것을 썼다.

"소중한 가족을 쓰세요." 가족들의 이름을 하나하나 기록했다.

"마지막으로 내 인생에 놓치기 싫은 것들을 쓰세요."

"당신은 병에 걸려 병원에 입원했습니다. 여기 적으신 것 중에서 다섯 개를 지우세요."

다섯 개를 지웠다.

"다음날, 상태가 아주 안 좋습니다. 두 개를 지우세요."

"다른 건 다 지우겠어요. 내 다리도 지우고, 다른 신체 부위도 지웠어요. 그렇게 중요하다고 생각했던 일도 지웠어요. 마지막 남은 게 아이들과 남편이었어요."

매일 상태가 안 좋아졌다고 계속 지우라는데, 아무리 지우려고 해도 가족은 지울 수가 없었다고 한다. 개그우먼 김지선 씨가 '죽음을 체험'하는 방송에서 호스피스와 대화한 내용이다. 일하는 중에 아들이 전화해서 "엄마, 언제 와요."라고 물으면 "이놈의 새끼, 너 장난감 사주려고 엄마가 일하는 거잖아."라고 구박을 했다며 "내가 이 일을 왜 하는지, 내가 왜 이렇게 바둥바둥 사는지." 눈물을 흘리며 진심을 전했다. 위 일련의 대화는 죽음을 앞둔 환우들과 보호자들이 실제로 겪는 과정이라고 한다.

이 영상을 보며 가슴이 아팠다. 나를 비롯한 부모들의 모습이 아닐까. 늘 바쁘다. 『자기돌봄』에서 "바쁘다는 것은 마음을 죽이는 일이다."라고 한다. 한자 '바쁠 망 忙'은 '마음 심 心'과 '죽을 망 亡'으로 이루어져 있다. 즉 '바쁘다'라는 것은 '마음을 죽인다'라는 뜻이다. 우리가 흔히 '정신없이 바쁘다.'라는 말을 달고 산다. 그런데 정신이 없다면 과연 살아 있다고 할 수 있을까.

중요하다고 생각했던 일에 매여, 나의 시선은 늘 밖에 있었다. 차분히 들여다볼 겨를 없이 시간에 쫓겨가며 첫아이를 키웠다. 일하기 위해 태어난 사람처럼, 삶의 주객이 전도되어 살았다. 일을 계속하기 위해서 의지할 동생을 원했으나 시험관을 통해 다태아를 갖게 되었다. 인생이 계획대로만 되지 않았다. 의도와 달리 쥐고 있던 손을 펴니, 또 다른 길이 펼쳐져 있었다.

쌍둥이의 조산으로 죽음의 문턱을 경험했다. 그러나 감사히도 이렇게 글을 쓰고 있다. 내게 주어진 소중한 순간들을 잘 살아내야 한다. 삶의 본질을 제대로 직시하고, 내면을 돌보라는 신이 주신 기회가 아닐까. 그 덕분에 '나로 사는 삶'의 기준을 세우게 되었다. 나를 돌보는 시간을 통해 조급했던 마음에 여유와 평화가 스며들었다. 그러자 주변의 모든 것이 다르게 다가왔다. 작은 일에도 토라지는 아이의 뒷모습에서 공감과 배려를 요구하는 마음으로, 두꺼운 책을 가져와 읽어달라는 표정에서 엄마와 같이 있고 싶다는 마음을 오롯이 느끼게 되었다. 초등 6학년 차니가 포켓몬 카드에 열광하며 몬스터를 설명하는데, 무슨 말인지 이해가 되지 않았다. 그러나 그건 중요한 게 아니었다. 아이의 관심에 마음 다해 들어주는 것 그거면 되었다. 아들이 웃으니 나도 좋았다. 생텍쥐페리의 "가장 중요한 것은 눈에는 보이지 않는다"는 의미를, 내 곁에 있는 소중한 것들의 표피가 아닌 내면의 욕구를 볼 수 있는 마음의 눈이 생기기 시작했다. 삶에서 내가 원하는 것은 있는 그대로 존중하고 진솔한 마음을 나누는 것, 그 시작이 연민의 마음이었다.

쌍둥이를 낳고 키우며 곤고한 날들이 많았지만, 커가는 과정에서 감동과 기쁨은 배가 되고 있다. 홀로 새벽을 맞이하며, 현인들이 이야기하던 지금, 이 순간 존재해야 함을, 어리석었던 나는 이제야 조금씩 알아가고 있다. 행복한 삶은 지금을 사는 삶이다. 곁에서 노는 아이들 모습에서, 가족의 단란한 식사 시간에서, 아이들과 뒹구는 잠자리에서, 성실하게 하루하루 살아가는 지금, 이 순간이었다. 거창한 인생이 아닐지라도 주어진 삶의 퍼즐들을 하나씩 채워가는 그 순간들이 행복이었다. 매 순간 행복할 수는 없지만, 행복하기 위해 성찰하며 더 나은 나를 만들어간다. 내게 주어진 이 순간, 충실하기로 선택했다. 행복한 삶은 어려움을 극복하는 시간이 쌓이며 그 깊이가 더해졌다. 세상을 보는 시선, "일상이 우리가 가진 인생의 전부"라는 카프카의 말처럼 아이의 미소 한 줌이 귀한 선물로 다가왔다.

새벽에 곤히 잠들어 있는 아이들을 보고 있자면 마음이 아련해진다. 생사의 고비를 넘기던 인큐베이터 장면이 떠오르곤 한다. 주먹만 했던 아이들이 자라서 초등학생이 되었다. 어려운 고비고비를 잘 이겨냈다. 조심스레 이마를 쓰다듬어주고, 따스한 볼에 입맞춤하며 귀에 대고 엄마의 마음을 전한다. 사랑한다고 너의 존재만으로도 사랑한다고…. 아이 볼을 마주 대고 온기를 느끼는 것만으로도 마음에 평화가 깃든다. 지금이 가장 행복한 순간이지 않을까.

'죽음을 앞둔 환우라면 어떤 마음일까?'

'나는 아이들에게 어떤 존재일까?'

나의 부모님이 보여주셨던 것처럼 기쁘거나, 힘들거나 어떤 순간에도 제일 먼저 떠오르는 사람, 마음 열고 의논할 수 있는 사람이 내가 되었으면 좋겠다. 부모가 원하는 모습이 아닌, 한걸음 물러서서 따스한 방목으로 기다리는 부모가 되기로 말이다.

"유리야, 너는 너만의 고유한 빛을 가지고 태어났단다. 그 빛으로 네가 행복하길."

아이들 마음에 '자신을 온전히 사랑하고, 믿고, 지지해 준 부모'로 기억되었으면 좋겠다. 어려운 순간이 오더라도 사랑받고 신뢰받았던 기억을 발판 삼아 더 단단하고 속 깊게 여물어가길.

아이가 타고난 잠재력을 펼치며, 자신만의 고유한 빛을 찬란하게 발산할 수 있기를 바란다. 변화하는 세상에서 자신의 소명으로 묵묵히 나아가길, 아이들이 가진 고유한 힘으로 그들이 가진 사랑을 나누어 주는 삶이길 바란다. 이런 자녀로 성장하길 바라기에 나는 '오늘을 충실히 살아낸다.'

내가 가장 존경하는 엄마는 대학 병원에서 수녀님들과 함께 호스피스 봉사를 오래 하셨다. 힘든 환우들의 손을 잡고 기도해 주시고, 말벗도 되어주셨다. 그래서인지 한동안 인생을 정리하거나, 죽음에 관한 책을 보곤 하셨다. 엄마의 책장에 꽂혀 있던 책 『죽을 때 후회하는 스물다섯 가지』이다. 1,000명의 죽음을 지켜본 호스피스 전문의 저서로 각기 다른 형태의 인생을 살았지만, 놀랍게도 후회하는 내용은 거의 비슷했다. 나의 엄마는 이 책을 읽고 어떤 마음이셨을까.

첫 번째 후회, 사랑하는 사람에게 고맙다는 말을 많이 했더라면….

두 번째 후회, 진짜 하고 싶은 일을 했더라면….

세 번째 후회, 조금만 더 겸손했더라면….

후회되지 않는 인생이 어디 있을까. 지나온 시간을 돌아보니 다 후회다. 그 후회도 결국엔 어제 내가 선택한 일들의 결과였다. 이제부터라도 최소한 위의 3가지 후회는 줄일 수 있길 바란다. 고요한 새벽, 모닝 페이지를 쓰며 나에게 물었던 수많은 질문의 답이 내 삶이 되었다. 이 소중한 시간을 통해 나만의 답을 찾게 되었다. 비전을 품은 삶. '비저너리'의 삶을 추구한다. 혼자만의 시간을 통해 얻은 통찰력은 결국 나누는 삶으로 귀결되었다. 내가 가진 조그만 재능이라도 함께 소통하고 나눌 때 순수한 기쁨이 올라왔다. 내가 찾은 비전을 향해 조금이라도 나아가고자 이 글을 쓴다. 변화하고 나아지겠다는 다짐에 대한 실천이었다. 그 시작은 바로 지금이다. 우리는 언젠가는 죽는다. 시간이 지나며 우리에게 주어진 시간의 유한함을 더 절감하게 되었다. 지나간 일에 대한 후회로 아까운 시간을 낭비하지 않기로 말이다. 더 행복할 내일을 만들어가는 것도 지금의 나다. 삶의 기회는 지금 이 순간임을 기억하려 한다.

"죽음을 기억하며 산다는 것은 끊임없이 죽음을 생각한다는 뜻이 아니다. 늘 기쁨 속에 살면서 죽음이 찾아오는 순간을 준비한다는 뜻이다." 아침에 필사한 톨스토이의 글이다. 문득 친정엄마가 떠올랐다. 한결같이 환한 미소를 짓는 나의 엄마. 주변의 모든 사람에게 도움을 주기 위해 노력하고, 그것에 큰 가치를 두셨다. 소녀 감성으로 작은 풀한 포기에도 감동하는 미소가 아름다운 엄마다. 이 글을 쓰는 새벽, 나의 엄마는 어둠을 밝히며 기도하고, 필사하며 당신만의 삶을 소중히 가꾸고 계실 것이다. 엄마로 살아가며 나의 '엄마의 삶'이 애틋하고 소중하게 다가왔다.

지금, 이 순간을 산다. 삶은 그 자체로 의미 있는 것이다. 무엇이 되어서가 아니라, 있는 모습 그대로 존귀하다. 나의 삶을 소중히 대한다면 아이들도 그렇게 성장할 것이다. 엄마의 시간을 귀하게 대하는 것, 나를 마주하는 하루 2시간이면 충분하다. 순간순간 가치를 부여하며 충실히 꾸려나가는 것이 바로 의미 있는 삶의 시작이다. 부모는 아이의 거울임을 기억하며 기꺼이 살아간다. 내면의 목소리에 귀 기울이는 성찰과 사색으로 '지금 이 순간'을 선택한다. 그리고 충실히 살아낸다. 더 뜨겁고 귀하게.

7

꿈을 향해 나아가는 비저너리 라이프

'꿈'이 뭐예요? 아이들에게 묻는다. 아이들은 마음껏 이야기한다. 특히 초등 저학년 아이들은 끝없이 이야기한다. "화가요. 요리사요. 축구선수요. 가수요." 다른 사람 신경 쓰지 않는다. 아이들이 부럽다.

우리도 어린 시절 가슴에 품었던 꿈이 있었다. 그 꿈은 어디로 간 것일까? 엄마도 꿈 많던 어린아이였다. 인생을 배로 비유해 본다면, 배의 목적지는 어디를 향해 가는가? 바다 한가운데 표류해 있으면 부는 바람에 휩쓸리게 된다. 배의 목적지를 정하고 느리더라도 나아가야 하지 않을까.

꿈에 대한 사전적 정의는 실현하고 싶은 희망이나 이상이라고 한다. 이루고자 하는 바람이 있다는 것은 삶의 목적이 있다는 것이다. 인생의 목적지를 정확히 아는 사람은 몇이나 될까? 내가 이 세상에 태어난 이유에 대해 한 번쯤은 고민해보는 시간이 필요하다. 내가 이 세상에 태어난 이유, 나만의 빛을 내기 위해서가 아닐까? 인생의 비전을 찾아가는 일은 삶의 목적지를 명확히 하는 일이다.

줄리아 캐머런은 '글을 쓰라는 소명'을 받아왔다고 한다. 많은 사람은 자신의 소명을 알아차리지 못하거나 소명이 없다고 생각한다. 그녀는 '창조주의 목소리'가 너무 작고 부드러워서 사람들이 세속적인 목표에 초점을 맞추고 있을 때는 들리지 않기 때문이라고 표현했다. 특별한 헌신이나 자기희생을 요구하는 사명이 아니라, 가치 있는 소명은 '열정적인 관심사'로 정의할 수 있다. 즉 꿈을 향해 나아가는 것, 소명의 시작이다.

'꿈'이 뭐예요? 이번엔 엄마들에게 묻는다. "꿈은 무슨, 아이 돌보기에도 시간이 없어요.", "이제는 늦은 게 아닐까? 너무 나이가 많아." "잘하는 게 없다." 너무 일찍 포기하는 건 아닐까. 지금이 인생의 절정과도 같은 최고의 시기다. 나만의 하프 타임이다. 이 황금 같은 시기에 무엇을 해야 할까? 스스로 한계를 짓지 않았으면 좋겠다. 사람은 일을 통해 성장하고, 성장을 통해 존재감과 행복을 느끼게 된다.

다음은 꿈을 정립했던 '비저너리 라이프'를 소개한다.

먼저, 내가 누구인지 정체성에 답하는 것부터 시작한다.

정체성(Identity)은 정신분석학자인 프로이드가 처음 사용한 용어다. 사전적 의미는 상당 기간 비교적 일관되게 유지되는 고유한 실체로서 자기에 대한 경험이라고 정의한다. 프로이트 이후 정신분석학적 자아심리학을 발전시킨 에릭슨은 통합의식으로의 자아정체성을 이야기한다. 우리는 사회 안에서 학생, 엄마, 선생님 등 다양한 역할을 부여받는데, 이것을 통합시키는 것이 자아의 역할이다. 그러므로 어느 학교의 학생, 누구의 엄마, 어떤 과목을 좋아하는 등 '무엇 무엇으로서의 나'가 바로 자아정체성이다. 자아정체성은 곧 스스로에 대한 정의일 수 있다. 나의 경우는 신앙을 가진 사람, 세 아이의 엄마, 배움을 좋아하는 사람, '더 나은 삶을 꿈꾸는 비전 멘토로서 라이프 코치로 성장하기 위해 배움을 이어가는 나'로 귀결될 수 있다.

분석심리학의 대가 카를 융은 『기억, 꿈, 사상』에서 "내 존재의 의미는 나의 삶이 나에게 질문한다는 데에 있다. 한편 이것은 반대로, 나 자신이 세상에게 나의 대답을 전해준다는 것을 의미한다. 그렇지 않으면 나는 세상의 응답에만 의존하게 될 것이다. ('나는 누구인가?'라는 스스로의 질문에 답하는 것) 그것은 내 개인적인 것을 초월하는 사명으로 이는 오직 내가 전력을 다해 노력할 때에 비로소 도달할 수 있다." 삶의 의미, 나의 존재, 내가 누구이고 어떤 이유로 태어났는지 각자만의 대답을 찾아야 한다. 이 물음에 대한 대답을 찾지 못하면 세상이 요구하는 대로 끌려다닐 수 밖에 없다는 것이다. 나 다운 삶을 원한다면 나에 대한 인식이 필요하다.

세계적인 성과 코치 브렌든 버처드의『충전』에 소개된 질문이다. "나는 나 자신에게 솔직한가?", "나는 나와 주위 사람들에게 진실한가?", "나는 일상에서 말과 생각에 부합하는 행동을 하는가?", "나는 자신에 대해 무엇을 아는가?", "세상이 나에게 도전해올 때 나는 그에 당당히 맞서는가?" 이들 질문에 대한 대답이 우리를 규정하고, 우리의 운명을 상당 부분 결정한다고 한다.

21세기를 사는 지금, 정체성의 또 다른 이름은 소셜 미디어의 닉네임으로 불리 운다. 나는 ○○이다. 닉네임이 자아정체성이 될 수 있다. 당신의 닉네임은 정체성을 대변하는가? 나 또한 나를 대변할 수 있는 이름으로 고심했었다. 내 안의 비전을 발견하고 멘토링을 받으며 '비저너리.'라는 대답을 얻었다. 즉, '미리 앞을 내다보고 아는 지혜.'라는 정체성에 부합하는 삶을 살아가기 위해 읽고 쓰고 사색하고 성찰하며, 배우고 노력하는 시간으로 채워가고 있다. 나는 이런 사람이라는 자아정체성이 나를 그렇게 만들어가는 것이다. 삶에 대한 작은 성취와 만족감이 더해지자 자아 효능감이 배가 됨을 느낀다.

『식스해빗』에서도 스스로 선택한 정체성에 부합하는 삶을 사는 사람들을 소개한다. 자신감뿐 아니라 자신의 진짜 삶을 산다고 생각하기 때문에 삶에 대한 전반적인 만족도가 크다고 전한다.

먼저 내가 중요시하는 삶의 의미를 천천히 생각해본다. 자신에 대한 질문과 위에서 소개한 물음들에 답해보며 자신만의 길을 찾을 수 있다. 막연한 생각들은 글로 표현하면 명확하고 선명하게 다가온다. 변화를 바란다면 자신이 원하는 구체적인 모습을 명확히 그릴 수 있어야 꾸준한 행동으로 연결된다. 그래야만 자신이 원하는 성과를 낼 수 있기에 명확히 쓰고, 질문하고 답하는 과정이 필요하다.(5장 코칭: 삶의 의미 찾기 참조)

다음으로는 자신의 삶을 되돌아보는 것이다.

이 세상에 태어난 이유와 소명을 찾기 위해 40년이 훌쩍 넘는 시간을 되돌아보았다. 혼자만의 시간을 통해 소명이라 생각했던 일을 다시 떠올릴 수 있었다. 우리 모두에게는 이루고 싶은 꿈과 소명이 있다. 지난 삶을 되돌아보며 나의 점들을 선으로 연결해 보는 과정은 의미있는 일이다. "우리는 미래를 내다보면서 점을 이을 수 없다. 우리는 오직 과거를 돌이켜보면서 점을 이을 수 있을 뿐이다. 지금 잇는 점들이 미래의 어떤 시점에 서로 연결될 것이라는 믿음을 가져야만 한다." 스티브 잡스의 스탠퍼드 대학교 연설문 중 한 구절이다. 우리가 찾은 선이 면으로, 면에서 입체로 거듭나길 바란다.

설계 사무실을 다닐 때는 야근과 철야를 즐겼다. 혼자 열심히 한다고 되는 것이 아니었다. 세상에 쉬이 되는 일이 없지만, 설계는 협업과 아이디어로 구축되는 일이다. 설계가 어느 정도 진척되면 구조를 검토하고, 현장에 맞게 토목과 설비를 조율하고, 외부 조경까지 각 팀의 회의가 종결되면, 최종 승인을 거쳐 공사를 위한 도면작업이 이루어진다. 건축을 배우고, 새로운 아이디어를 스케치 해나가는 창조의 과정에서 소명을 느꼈다. 더 나은 공간을 만들기 위해 밤을 지새우며 열정을 쏟았던 일이었다.

만족감을 주는 일이었으나, 누구보다 나를 필요로 하는 아이들을 선택했고, 퇴사했다. 몇 년 전 지인의 설계사무실을 방문하며, 지난날의 열정이 떠올랐다. 건축에 대한 작은 꿈, 작은 공소(성당)를 짓고 싶다는 꿈, 그 꿈을 마음속에 품고 있다는 사실만으로도 삶의 의미는 충분했다. 아이들을 돌보며, 꿈이 없을 때는 종종 우울하고 쉬이 지쳤다. 잊고 있었던 꿈과 소명을 되찾기 시작하면서 우울할 틈 없이 하루가 바빠지기 시작했다. 이루어야 할 꿈이 있기에 삶을 대하는 태도가 바뀌었다. 나를 더 존중하며 스스로 동기를 부여하게 되었다.

꿈을 찾는 과정은 결혼 전 해오던 일, 결혼 후 새로운 경험, 마음속 소망, 엄마라는 이름을 달고 처음 시도해본 것들을 통해 드러난 재능을 펼칠 수도 있다. 지난 시간을 되돌아보며 자기 탐색을 거쳐보는 시간이 필요하다. 그 안에서 미처 알아채지 못했지만, 원했던 일을 찾을 수도 있다. 그렇다면 원하는 일의 기준이 무엇일까? 『타이탄의 도구들』에서 원하는 일을 찾아가는 다음의 글을 보고 뛸 듯이 기뻤다.

"떠올릴 때마다 약간 두렵고 긴장되고 떨리는 일, 그게 바로 당신이 원하는 것이다. '와, 잘하면 완전히 인생을 망칠 수도 있겠는걸!' 하는 일이 바로 당신이 찾아 헤매던 모험이다. 두려움이라는 친구를 멀리하는 데 시간을 쓰지 마라. '용기'라는 새 친구를 초대하는 데 심혈을 기울여라."

두렵고 긴장되는 일, 생각만으로도 두근거린다. 아이와 함께 새로운 꿈을 꾸고 있다. 엄마가 되고 나서 인생을 보는 시야가 달라졌다. 아이를 낳으면 모든 것이 단절되는 줄 알았다. 그래서 결혼도 아이도 미루었다.

그러나 아이를 낳고 키우면서 더 큰 세상이 펼쳐졌다. 아이에게 책을 읽어주며 아이의 발달을 공부하게 되었고, 재미있는 독서를 하고 싶어 시작한 배움이 지도사를 취득하게 되었다. 그림책도, 하브루타도, 시작은 아이들에게 도움이 되고자 하는 바람들이 선순환을 이루어 몇 해 동안 학교 강의를 이어갔다. 작은 경험을 쌓으며 성취와 보람을 느꼈다. 아이들이 마음껏 토론하고 사고하길 바라는 마음에 시작한 고전 수업 덕분에 새로운 꿈이 확장되었다. 감히 소명이라 부르며 내가 만나는 아이들과 엄마들의 꿈을 응원한다. 그들이 지닌 무한한 잠재력을 믿기에 아름다운 빛을 발하도록 안내하는 비전 멘토로 더불어 성장하고 있다.

코로나19로 촉진된 4차에 이어 5차 산업혁명은 어떤 모습일까? 그 동안의 산업혁명은 생산성과 효율성만을 목표로 기술 혁신이 이루어 졌다. 그러나 도래할 5차 산업혁명은 기술의 발달에 앞서 우리가 살아 갈 이 지구와 공존하며, 인간성에 기초한 휴머니티가 중요한 지침이 되어야 하지 않을까.

꿈의 최종 목표인 '비저너리 라이프'는 '지혜로운 삶'을 꿈꾼다. 그 시작은 '교육과 건축'의 비전을 품은 소명의 삶이다. '작은 성당이 있는 '예술인 마을'을 조성하고 싶다. 초록 잔디가 펼쳐진 넓은 정원을 그려본다. 오래된 떡갈나무 아래 잿빛 대리석 제대와 의자가 준비된 단아한 야외 성당, 맘껏 책을 읽고 토론할 수 있는 예시바(유대인의 전통 교육기관) 같은 도서관, 잔잔한 음악이 흐르는 돔형의 명상관, 마음껏 몰입할 수 있는 작업실에서 그림, 공예, 음악 등 각자가 만들어 가는 마을'을 간절히 소망한다. 몇 년 전에 다녀온 정원형 미술관인 '뮤지엄산', 쉼이 있는 '힐리언스 선마을' 같이 맑은 숲속에 자리하면 좋겠다. 이곳에 주택도 함께 지어 우리의 옛 방식처럼 삼대, 사대가 함께 어우러질 수 있는 공동체를 만들면 어떨까. 서로 돕고 나누는 공동체, 이러한 작은 마을들이 곳곳에 생겨 유기적으로 연결되면 좋겠다.

혼자 상상의 나래를 펴면 잔잔한 미소와 평화가 밀려온다. 이 충만감을 함께 나누며 우리가 꿈꾸는 공동체에서 인생 후반을 살아가고 싶다. 이 위대한 비전을 위해 『의식혁명』에서 이야기하는 '용기'를 근간으로 '사랑'과 '기쁨'이라는 두 친구를 곁에 두고 살기로 했다.

꿈을 향해 도전하는 엄마가 있다. 코칭을 하며 그녀의 꿈을 응원했다. 대학원 연구원으로 촉망받던 재원이었으나 출산으로 경력 단절이 되었다. 주변 추천으로 아이들을 가르치는 일을 했다. 아이들을 가르치는 게 업인 줄 알 정도로 최선을 다했던 그녀는 행복하지 않았다고 했다. 그녀의 마음속 꿈은 '도슨트'였다. 도슨트는 미술관이나 박물관에서 관람객들에게 작품을 설명해주는 사람이다. 꿈을 발견한 후 그녀는 매일같이 강의를 듣고 매주 미술관에 가며 설레한다. 꿈이 있는 엄마는 생기가 넘친다. 그녀의 목소리에서 활기를 찾았다.

우리 엄마들은 하루하루 눈앞에 있는 것들을 처리하느라 꿈을 생각할 겨를이 없다. 대다수의 엄마는 아이를 돌보느라 자기 삶은 뒷전이다. 내 아이가 꿈을 꾸고, 멋지게 이루길 바란다면 엄마가 먼저 꿈에 대해 성찰해보는 시간을 가져보면 어떨까. 내 아이가 꿈을 이루기 위해 노력하길 바란다면 엄마의 꿈을 탐색해보면 좋겠다. 아이가 책을 많이 읽고 생의 목적을 향해 주체적으로 나아가길 바란다면, 우리 엄마들이 삶의 모범이 되어야 하지 않을까. 아이는 하루가 다르게 성장하고 있다. 아이가 제일 사랑하고 존경하는 사람은 엄마다. 아이들에게 어떤 모습을 보여줘야 할까? 아이를 키우는 지금이 우리에게 주어진 절호의 하프 타임이다. 나의 바람과 소망을 위해, 천천히 나의 꿈을 찾아보길. 주변의 잣대에 휘둘리지 말고 내 마음의 목소리를 들을 수 있었으면 좋겠다.

위에서 제시한 정체성을 찾고 지난 시간을 되돌아보는 것은 나를 직면하는 일이다. 조용히 '나'만의 시간을 마련해서 생각을 정리해보면 좋겠다. 이런 과정을 통해 내가 원하는 꿈을 향해 나아갈 수 있다.

자신을 탐색하는 과정을 정리해보면 다음과 같다.

먼저, 혼자만의 시간을 갖는다. 나의 정체성을 탐구하며 지난 시간의 점을 이어본다.

두 번째는 과거의 점들과 내면의 소리를 파악하며 접점을 찾아본다.

마지막으로 혼자만의 시간. 마음이 이끄는 관심사를 체험해본다. 열정의 정도를 파악할 수 있다.

꿈을 이룬 사람 하면 제일 먼저 떠오르는 사람이 발레리나 강수진이다. 그녀의 부르튼 발과 함께 아름다운 발레의 모습이 떠오른다. 그녀의 저서 『한 걸음을 걸어도 나답게』에서는 세계 최고의 발레리나가 되는 것이 꿈이 아니었다고 한다. 발레라는 길을 선택한 그녀의 정체성은 발레리나 강수진이었을 것이다. 그 정체성에 부합하는 삶을 살기 위해 노력했을 그녀의 태도를 이야기하고 싶다. 첫째는 '오늘 하루 최선'을 다해 열심히 사는 것이고, 두 번째는 '나와 경쟁하는 것'이었다고 한다. 쉽지 않은 것을 해낸 그녀는 어제의 강수진보다 '1분 더 연습'했고, '오늘 최선'을 다했을 때 행복했다고 한다.

소명의 삶. 우리는 모두 이 세상에 태어난 이유가 있다. '내가 무엇을 원하는지.', '어떤 삶을 살고 싶은지', 자신에게 물음을 던져 본다. "어떤 사람으로 불리고 싶은가?" 당신은 당신이 생각하는 것보다 더 위대한 사람이다. 머리가 아닌 내면의 소리에 귀 기울여본다. 거창하지 않아도 된다. 소박하지만 가슴 떨리는 작은 꿈들이 아이와 함께 자라고 성장할 것이다. "바람은 목적지가 없는 배를 밀어주지 않는다."라는 몽테뉴의 말처럼 내 꿈을 향해 꾸준히 노를 저어본다. 우리에게 주어진 오늘 하루 정성을 다해 작은 마침표를 찍어보자. 오늘도 꿈을 향해 나아간다.

8

세상을 움직이는 힘, 나를 바꾸는 믿음

다음 사람들의 공통점은 무엇일까?

우리에게 친숙한 상대성 이론의 아인슈타인, 심리학자 프로이트, 마이크로소프트의 빌 게이츠, 페이스북의 마크 저커버그, 스타벅스 CEO 하워드 슐츠 그리고 구글의 래리 페이지.

이들의 공통점은 바로 유대인이라는 것이다. 유대인은 세계 인구의 0.2%에 불과하지만, 역대 노벨상 수상자의 22%, 하버드대 입학생의 27%, 아이비리그대학 교수의 30%, 세계 100대 기업 창업주의 40%를 차지하고 있다. 이처럼 경제, 언론, 문화 등 유대인의 힘은 막강하다.

그들은 『토라』인 모세오경을 중심으로 『탈무드』를 어렸을 때부터 공부하기 시작한다. 『탈무드』는 구약성경에 대한 해설과 전통을 집대성한 유대인들의 경전으로 그들의 정체성이기도 하다.

최근 성당 교사 연수에서 '유대인들의 믿음에 관한 이야기'를 신부님이 들려주셨다. "유대인들은 태어나는 순간부터 자라는 동안 '너는 황금으로 만들어진 그릇이다.' 부모도 아이들도 이렇게 믿으며 자랍니다. 그 외 사람들은 아이를 '황금이 아닌 일반 그릇으로 취급한다.' 일반 그릇이기에 더 좋은 것을 담아야만 자신들이 가치 있게 된다고 믿습니다."

이 강의를 들으며 머리를 한 대 얻어맞는 기분이었다. 보물은 그 자체만으로 존재 가치가 있다. 그러나 우리는 자신을 비롯하여 아이들에게 공부를 잘해야 잘 살 수 있다고 가르친다. 우리는 노력해야 성공한다고 이야기한다. 그렇기에 아이들은 자신의 가치는 노력에 의해서만 성취된다고 믿는다. 이런 잘못된 가르침이 자기 자체만으로는 아무런 가치를 지니지 못한 존재라고 단정 지을 수 있다.

'내 그릇에 무엇을 담아야 행복할까? 내가 성공하면 행복할 것이다. 내가 부자면 행복할 것이다.'라는 생각과 믿음은 거짓된 자기 충족 예언이다. 내가 성공하지 않아도, 부자가 아니라도 얼마든지 행복할 수 있다. 여기서 '자기 충족 예언(Self-fulfilling prophecy)'이란 예언이 어떤 행동을 유발해서 그 예언이 현실화하는 것을 뜻한다. 앞에서 이야기한 긍정 확언처럼 '말하는 대로 이루어진다.', '말에는 씨가 있다.'라고 이야기하는 것과 같은 맥락이다. 다시 강조하자면 내가 무엇이 되면, 무엇을 이루면 행복한 것이 아니다. 데이비드 소로는 "우리가 얻을 수 있는 부유함은 우리가 기꺼이 내려놓을 수 있는 물건의 숫자에 비례한다."라고 했다.

소유에는 분명히 한계가 있다. 우리가 진정으로 소유할 수 있는 것은 우리에게 주어진 시간이다. 그 시간에 허락된 나의 존재다. 내 존재의 믿음이다. 유대인들 못지않게 자신이 원석임을 받아들일 때 변화가 시작된다.

코로나 팬데믹 이후 세상은 더 급변하고 있다. 모든 사람의 신체 일부가 되어버린 스마트폰 덕분일까? 메시지가 초 단위로 쏟아져 들어오는 각종 SNS 커뮤니티와 콘텐츠의 홍수 속에서 정신이 아찔하다. 실시간으로 새로운 것들이 생겨나니 변화를 따라잡기란 만만치 않다. 이런 정보들이 더 큰 스트레스로 다가온다. 머리가 무겁고 복잡해질 때, 한 걸음 물러서면 어떨까? 혼자만의 시간은 더욱 절실해진다. 멀티태스킹을 요구하는 사회에서 조용한 시간을 갖는 게 쉬운 일은 아니다. 그렇기에 더 가지려한다.

비유가 무색하게 들리겠지만, 마이크로소프트의 빌 게이츠는 1년 중 일주일을 생각 주간으로 정해, 모든 일을 멈추고 미래 사업을 구상했다고 한다. 명상이나 휴식 시간이 결코 아니다. 수십 편의 논문과 수권의 책을 읽고 메모하고 틈틈이 생각을 정리한다. 진정한 몰입을 통해 치열하게 자신을 다듬는 시간이다. 무려 40년 가까이 이런 삶을 살고 있다고 한다. 거대 기업의 대표이기에 어쩌면 당연해 보인다. 그러나, 우리도 무엇보다 중요한 내 삶의 주인이며 한 가정의 경영자다. 우리에게도 몰입하는 시간이 필요하다. 각자의 원석을 제대로 돌보는 시간, 다듬는 시간, 빛이 나도록 닦는 시간이 필요하다. 이런 여정을 통해 자신만의 비전을 찾아가야 한다. 이는 우리가 이 시대에 태어난 진짜 이유일 수 있다.

새벽의 명상과 기도, 혼자만의 시간, 나와의 데이트, 글쓰기는 '본연의 나'를 보는 시야를 선물해주었다. 나의 지난 모든 경험이 내 미래의 자원이 되었다. 고독을 선택했던 혼자만의 시간이 나 스스로를 존중하고 꿈을 향해 나아갈 동력이 되었다. 손에 잡히지 않고 보이지 않아 더 알고 싶은 삶의 본질에 대해, 나에 대해 탐색하는 시간이었다. 여전히 갈대처럼 흔들리지만, 뿌리째 뽑히지 않을 힘을 키워간다. 바로, '내가 누구인지.' 나를 돌보는 시간을 통해 '내가 무엇을 원하는지.' 알게 되었기에 가능했다. 스스로를 존중하고 신뢰할 수 있을 때, 주변을 배회하는 원형 방황을 멈출 수 있다.

나는 나만의 빛을 내기 위해 나아간다. 그 시작은 작고 초라할지라도 나의 본질을 찾고 나다운 삶을 살아갈 때, 비로소 더 큰 사랑을 나눌 수 있다고 확신한다. 어려운 위기에 부딪히더라도 스스로 이겨낼 힘을 키워간다. 도움을 청할 수도 있고, 신앙에 기댈 수도 있으나, 어려움을 이겨내기 위해서는 자신 스스로 움직여야 가능한 것이다. 삶을 대하는 자세는 이렇듯 의식적으로 노력해야지만 성장하는 것이다. 그 시작이 내면을 돌보는 시간이다. 치열하게 변화하겠다는 의지, 내일은 더 나아지겠다는 각오, 이루고 싶은 것을 위해 실천하는 노력이 더해져서 '나만의 빛'을 발하는 '비저너리'의 삶을 살아갈 수 있다.

당신과 나는 존재 자체만으로도 귀하다. 여기서는 자기 충족 예언이 필요하다. 삶의 주인으로 살아갈 당신에게 가장 필요한 것은 '나는 더 행복할 것이다.'라는 확고한 자기 충족 예언이다. 이 세상 누구보다 소중한 나에게, 꿈을 향해 나아갈 나에게 확신의 말을 건네보자.

'오늘도, 애썼고 수고했다.'

'한 번 해보자. 하자. 할 수 있다.'

'이제 내 인생을 살아보자. 내가 찾은 '나'로 살아가자.'

다른 사람에 의한 수동적인 변화는 오래가지 못한다. 우리 자신이 찾은 변화를 우리 자신의 멘토이자 친구가 되어 기꺼이 동행해야 한다.

오늘도 작은 촛불 하나 밝혀두고 내면의 직관에 집중한다. 어떤 일을 하더라도 행복은 고통을 수반한다. 지금의 고통이 내가 뭔가를 향해 나아가고 있다는 증거다. 꿈을 향해 나아가는 길이 고단하게 느껴질지라도 우리는 각자가 지닌 고유한 빛을 밝히며, 삶의 의미와 가치를 향해 나아갈 수 있다.

세상을 움직이는 힘은 자신에 대한 '신뢰', 그리고 '존중'에서 비롯된다. 우리에겐 '잠재된 지혜'가 있다. 아이들에게 '잘할 수 있다.'라고 보내는 응원처럼, '나'에게도 긍정과 확신의 말을 건네면 좋겠다. 자신을 향한 존중과 확신, 그리고 변함없는 믿음으로 내 삶을 소중히 가꾸어가길 바란다. 당신과 나는 단 하나의 유일무이한 보석이다. 내 삶의 주인으로 내가 찾은 소명을 향해 묵묵히 나아가길. 자신만의 고유한 사랑을 나누는 삶이길. 마음속 바람을 위해 한 걸음씩 나아가며, 혼자만의 소중한 시간으로 꿈을 이루어가길 소망한다.

내 삶의 중요한 의미를 찾는 일은 소중한 과정입니다. 이 과정을 통해 지금을 살아갈 수 있습니다.

자신이 선택한 중요한 의미를 찾고, 시간과 노력을 집중할 때 더 행복한 삶이 시작됩니다.

『식스해빗』에서 뛰어난 성과 지수 상위 15%의 사람 중 무작위로 1,500명을 선발해 삶에서 의미 있는 일이라고 판단하는 기준을 다음의 4가지로 정리한 것입니다.

첫째, 열정이다. 자신이 하는 일에 열정을 가질수록 삶의 만족도와 긍정적인 감정이 높아진다.

둘째, 인간관계다. 가까운 사람들과의 관계는 의미 있는 삶을 살게 해주는 주요한 요인이다.

셋째, 만족감이다. 개인적으로 성장하고 주위 사람들에게 기여하고 있다고 인식하는 것이다.

넷째, 가치다. 자신이 하는 일이 중요하고 가치 있는 결과로 무언가를 남기는 삶이다.

위 4가지 중 한두 가지만 작용해도 삶에서 의미를 찾을 수 있습니다. 당신에게 의미 있게 다가오는 것은 무엇인가요? 힘든 일과 의미 있는 일은 분명 다르며, 이를 구분하는 것은 삶의 의미를 찾는 출발점이 될 수 있다고 합니다.

1. 매일 하는 일 가운데 위의 4가지 요소 중 내 삶에 가장 큰 의미가 있다고 생각하는 일은 무엇이며, 그 이유는 무엇일까요?

2. 매일 하는 일 중에서 아무런 의미가 없기 때문에 그만두어야 할 일은 무엇인가요?

3. 나에게 더 큰 의미를 줄 것이기 때문에 지금 새롭게 시작하거나 배워야 할 일은 무엇인가요?

4. 새롭게 시작하려고 마음먹은 것은 언제부터 실행할 수 있나요?

5. 나에게 중요한 의미가 있는 것들 가운데 이번 주에 해야 할 것은 무엇인가요?

- -

- -

- -

※위 내용은 『식스해빗』: p109~116를 참고하여 응용한 질문과 내용입니다.

마치는 글

자신을 탐색하는 여정이
가슴 뛰는 삶으로 연결되길 바랍니다

코로나 19는 이제 두려움의 대상이 아닙니다. 공생해야 하는 '뉴노 멀' 시대가 되었습니다. 인류 역사상 가장 불확실한 시대인 지금, 우리 는 방대한 지식과 정보 속에서 굳이 지혜를 찾지 않습니다. 과거의 지 식을 토대로 나은 미래를 위해 내면의 지혜를 깨워야 합니다. 자신의 소리, 자연의 소리, 신의 소리를 듣기 위해 혼자만의 시간이 절실한 시 대입니다.

엄마이기 이전에 '나'로서 새로운 리셋이 필요합니다. '나를 돌보자. 그리고 나를 존중하자. 나는 생각보다 더 단단한 사람이다. 내 안의 가 능성을 믿자.'라고 되뇌었습니다. 글을 쓰며 엄마들의 '자기 신뢰'와 '존 중' 그리고 '혼자만의 시간'이 얼마나 중요한지 우리가 지향해야 할 '삶 의 의미'가 무엇인지 생각해 보는 시간이 되길 소망했습니다.

10년 전, 온몸에 칼이 들쑤시듯 치를 떠는 고통을 마주하며 차가운 간이침대에 널브러져 있던 그날, 죽음이 임박함을 느꼈습니다. 찰나 같은 순간이었지요. 지나온 삶이 슬라이드처럼 지나갔습니다. "나는 내가 원하는 삶을 살았는가?"

그때의 마음을 가슴에 묻어둔 채 쌍둥이를 키워내느라 급급했습니다.

일상의 분주함에서 벗어나 나만의 오롯한 시간이 계기가 되었습니다. 제 삶을 마주하며 성찰해보았습니다. 제게 주어진 인생 후반부는 내가 나에게 최선을 다하자고 다짐했습니다. 저에게 선물한 차 한잔과 노트 그리고 긍정의 말을 이어갔습니다. 이는 육아로 미루었던 저의 내면을 들여다보는 기회가 되었고, 진정으로 저를 돌보며 삶의 방향과 소명을 찾는 계기도 마련했습니다. 조급증 많던 제가 여유롭고 단단하게 변해가고 있었습니다.

아직도 육아가 녹록지 않고 저만의 시간을 고수하기 위해 비슷한 일상을 보내지만, 삶을 바라보는 시선과 태도는 크게 달라졌습니다. 인생의 참 의미에 대해 성찰해보는 시간과 기회를 주었기에 가능했습니다.

육아로 고군분투하고 있을 엄마들에게 조금만 여유를 갖기를 권하고 싶습니다. 각 가정의 상황과 육아 기준이 다르니 이 책에 실린 '혼자만의 시간'도 어떠한 형태가 될지 모릅니다. 하지만 다음 3가지는 잊지 않았으면 좋겠습니다.

첫 번째, 나를 돌보는 시작과 끝은 바로 자기 신뢰와 존중입니다.

이 세상 누구도 나를 나보다 더 사랑할 수는 없습니다. 있는 그대로 내 안에 점을 찍고 나아갑니다. 현실이 마음에 안 들어도, 그럼에도 불구하고 나는 나를 존중합니다. 나를 인정하고, 사랑했으면 좋겠습니다. 모든 부분에 완벽할 수는 없습니다. 부족한 부분이 더 드러날 뿐입니다. 따스한 시선으로 티끌 같은 장점을 크게 보는 눈을 키워봅니다. 제가 도움받았던 『치유』, 『미러』, 『콰이어트』, 『자기돌봄』 그리고 코칭을 통해 알게 된 『의식혁명』을 권해드립니다. 나에 대한 신뢰와 존중으로 행복한 오늘을 만들어갈 수 있었습니다. 지혜는 멀리 있는 것이 아닙니다. 바로 내가 나의 삶의 주체가 되는 행위입니다.

두 번째는 하루 한 번. 혼자만의 시간은 단단한 내면을 선물합니다.

고요한 새벽을 선택했습니다. 하루 2시간, 나에게 몰입하는 시간으로 밀도를 높였습니다. 그 시작은 저에게 건네는 사랑의 미소였습니다. 진심으로 마음을 돌보고 내면을 탐색하며 삶의 의미를 도출해낼 수 있었습니다. 어떠한 상황에서도 외부의 것에 흔들리지 않고 마음의 소리를 들으려했습니다. 우리는 각자만의 고유한 빛으로 태어났습니다. 그동안 이 자유로운 영혼을 세상의 기준에 밀어 넣느라 애썼습니다.

나와 내 안의 '지니'와의 데이트를 통해, 내가 가진 잠재력을 마음껏 분출할 시간을 허락해보면 어떨까요.

완전한 사람은 아무도 없습니다. 우리는 스스로 할 수 있다고 생각하는 만큼 성장할 수 있습니다. 원하는 기준을 낮게 잡으면, 그 사람에게 성장은 없겠지요. 기준을 높게 잡으면, 더 변화하고 성장할 것입니다. 앙드레 지드는 말합니다. "모든 사람은 경탄할 만한 잠재력을 가지고 있다."

세 번째는 내면이 성장하는 방법으로 4장에 8가지를 제안해 드렸습니다. 자신 안의 선함을 드러내어 주변에 나누는 삶으로 확장될 수 있기를 바랍니다.

1. 독서_ 지혜로운 삶의 시작, 도서관 데이트

2. 여행_ 잠시 안녕! 홀로 떠나는 여행

3. 쓰기_ '지니'를 만나는 가장 쉬운 방법, 경청하는 글쓰기

4. 돌봄_ 건강을 위한 나의 선택 3가지

5. 관계_ 유대 관계는 커다란 축복

6. 가치_ 나를 발견할 기회, 터치스톤을 터치하다

7. 기준_ 매일을 꾸려나가기 위한 삶의 우선순위

8. 코칭_ 삶의 진보를 위한 6단계 질문

자신을 탐색하는 여정이 가슴 뛰는 삶으로 연결되길 바랍니다. 스스

로 찾은 가슴 설레는 일들은 분명 더 큰 성과로 주변 사람들에게 기여하는 삶이 될 것입니다. 가치로운 삶을 추구하는 우리이기에 더 빛나는 내일이 준비되어 있습니다. 동트기 직전의 칠흑 같은 어둠은 곧 새벽을 밝히기 위함입니다. 오늘이 고단할지라도 나만의 빛을 발하다 보면 어느새 여명의 빛줄기가 당신을 밝혀줄 것입니다. 고유한 나만의 빛을 등대 삼아 주변을 밝히는 삶이길 소망합니다.

이 글을 쓰는 동안 저의 지난했던 과거를 정리할 수 있었습니다. 그동안 애쓰고 힘들었던 저 자신에게 고마움을 표현했습니다. 내 마음이 평화로워야 엄마로서도 행복함을 알게 되었습니다. 행복한 가정을 위해서라도 나의 돌봄이 먼저입니다. 아이는 아이의 인생이 있고 부모는 조력자로 충분합니다. 인생 후반에 들어선 지금, 더는 주저하지 않습니다. 당당히 제 인생을 마주하며 일상을 소중히 꾸려갑니다. 당장 무엇이 되어서가 아니라, 어제와 별반 다르지 않은 일상이 펼쳐지겠지만 제 시선과 중심의 위치가 바뀌었기에 삶의 태도는 비교할 수 없습니다. 바로 내가 변화하는 중심이 되었습니다. 이제 행복을 향해 앞으로 나아갑니다. 저만이 제 인생 주인공으로 살 수 있기 때문입니다.

제게 주어진 모든 것에 '감사합니다.'

서투른 경험일지라도 작은 지혜를 전하고 싶었습니다. 덕분에 저를 성찰하는 시간이었습니다. 글을 쓰며 육아 기간인 하프 타임을 정리할 수 있어서 뿌듯합니다. 쓰고자 하지 않았다면 소중한 기억을 놓치고 지나갔을 겁니다. 초보의 글이라 서툴고 부족하지만, 진정성을 담으려 노력했습니다. 부디 단 한 분이라도 제 글을 통해 위안받고 삶의 변화를 누리시길. '당신 안의 지니'를 불러내시길 간절히 응원합니다. 저와 동행해주셔서 감사합니다.

감사의 글

'하느님 감사합니다. 이 땅에 부르신 소임을 다하기 위해 저를 평화의 도구로 써주소서.'

제 삶에 귀한 스승을 보내주셨습니다. 그분들은 가족과 지인 그리고 책이라는 인연으로 만날 수 있었습니다.

지난 3월. 2022년 8월 종이책 출간, 막연한 소망이었으나, 8월 30일 '미다스북스'라는 귀한 파트너를 만나 작은 꿈을 이루게 되었습니다. 서투른 글을 선택해주시고, 무한 긍정으로 격려해주시고, 늦은 시간까지 섬세하게 편집해주신 출판사 여러분의 정성에 깊이 감사드립니다.

이 글은 제가 쓴 글이 아닙니다. 쓸 수 있도록 독려해주신 고마운 분들 덕분입니다. 이 자리를 빌려 감사드릴 수 있어서 기쁩니다.

먼저, 글 쓰는 삶을 응원해주신 분들입니다. 온라인 3곳에서 만난 인연이 필연이 된 분입니다. 무작정 내민 손을 따뜻하게 잡아주신 분, 제 글에 영감과 에너지를 넣어주신 최정윤 선생님이 작은 밀알에 물을 부어주셨습니다. 그 밀알이 뿌리내리도록 도와주신 김진수 선생님, 밀알이 싹을 틔우도록 비결을 전수해주신 배정화 선생님, 든든한 힘이 되어주신 〈자기 경영 노트 2기〉 선생님들, 글 쓰는 삶을 응원해주시는 이은대 작가님 감사합니다.

두 번째는, 제 삶이 글로 표현되도록 반짝반짝 빛나게 해주신 분들입니다. 저를 직면하고 찾아가는 길을 응원해주신 심현진 목사님, 가정의 행복을 안내하며 삶으로 보여주시는 김연수 멘토님, 독서와 아티스트 웨이의 본이 되는 이은형 님, '나는 정리를 잘하는 사람'의 김지민 님, 5분 청소의 달인 이재희 님, 손으로 쓰는 노력가 윤정임 님, 아이들과 수업하는 즐거움을 선물해주신 김현경 선생님, 유현심 선생님, 조선미 선생님, 코칭의 세계로 이끌어주신 오은경 코치님, 초고와 함께 시작된 토지 필사 이웃님들 감사합니다. 고전을 읽으며 즐거워하는 FHC 아이들은 소중한 보물입니다.

세 번째는, 저를 지지해주는 벗들입니다. 저를 무한 신뢰해주는 민애리, 김정아, 박진희, 한혜선, 건축하는 엄마의 삶을 살아내고 있는 최경숙, 오수경, 신앙의 끈을 이어가게 해준 안현주, 마음 따뜻한 이경애 언니, 신앙 안에서 성실히 살아가는 박수진, 노윤지, 정재윤, 황운주, 한지현, 이정민, 주일마다 영혼을 돌봐주신 조원식 주임 신부님, 홍석진 신부님, 주일학교 친구들과 교리교사 선생님들 늘 배려해주셔서 감사합니다.

마지막으로, 삶을 조명해주는 가족입니다. 제 인생의 모범이신 부모님, 늘 배려해주시는 시어머니, 언제나 든든한 조언자 오빠와 언니들, 이지적 내공으로 유머러스한 남편, 너희들 앞에서만큼은 한없이 부족하고 작아졌던 엄마를, 무한 애정으로 지지해준 나의 사랑 차니 · 서리 · 유리를 축복합니다. 이 밖에도 응원해주시고 사랑을 베풀어주신 분들께 감사드립니다.

제 영혼의 멘토 루이스 헤이의 글로 제 마음을 전합니다.
"당신의 마음은 당신이 원하는 대로 선택하여 사용할 수 있는 도구다."